调味品战略的
底层逻辑

懂行业才有好战略

张 戟——著

中华工商联合出版社

图书在版编目（CIP）数据

调味品战略的底层逻辑：懂行业才有好战略 / 张戟著. -- 北京：中华工商联合出版社，2024.4
ISBN 978-7-5158-3922-6

Ⅰ.①调… Ⅱ.①张… Ⅲ.①调味品－食品工业－工业企业管理－企业经营管理－中国－文集 Ⅳ.①F426.82-53

中国版本图书馆 CIP 数据核字（2024）第 064478 号

调味品战略的底层逻辑：懂行业才有好战略

作　　者：	张　戟
出 品 人：	刘　刚
责任编辑：	于建廷　效慧辉
装帧设计：	周　源
责任审读：	傅德华
责任印制：	陈德松
出版发行：	中华工商联合出版社有限责任公司
印　　刷：	北京毅峰迅捷印刷有限公司
版　　次：	2024 年 5 月第 1 版
印　　次：	2024 年 5 月第 1 次印刷
开　　本：	710mm×1000 mm　1/16
字　　数：	240 千字
印　　张：	15.5
书　　号：	ISBN 978-7-5158-3922-6
定　　价：	98.00 元

服务热线：010-58301130-0（前台）
销售热线：010-58301132（发行部）
　　　　　　010-58302977（网络部）
　　　　　　010-58302837（馆配部）
　　　　　　010-58302813（团购部）
地址邮编：北京市西城区西环广场 A 座
　　　　　　19-20 层，100044
http://www.chgslcbs.cn
投稿热线：010-58302907（总编室）
投稿邮箱：1621239583@qq.com

工商联版图书
版权所有　盗版必究

凡本社图书出现印装质量问题，请与印务部联系。

联系电话：010-58302915

前言

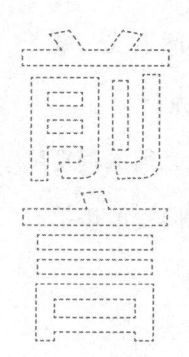

不懂行业就做不好战略

在二十多年的咨询生涯中,笔者有这样一个深刻体会:如果不了解行业,根本就制定不出正确的战略。作为一个战略咨询公司,是必须对行业进行聚焦的,否则很难透彻了解一个行业,更谈不上制定战略了。

可能有人对此不以为然,认为制定战略不需要深入了解行业,只需要按照一套分析工具和方法去做,自然可以制定出一套战略。其实,这只是一厢情愿的做法。制定战略确实有一些分析工具和方法,如五力模型、SWOT分析、价值链、7S模型、九宫格模型等,如果这些工具不和行业特性联系起来,仅靠一些数据和信息是不可能制定出正确的战略!

战略同时包含科学性和艺术性,那些工具和信息就体现了科学性,但是艺术性是很主观的,有赖于对行业特性或底层逻辑有深刻的理解,需要咨询公司耗费大量的时间和精力才能把握,仅用分析工具是难以做到的。如果失去了艺术性的战略,就会陷入千篇一律的公式化和教条化,根本不会产生想象力,又怎么能在竞争中制胜呢?

我们之所以要聚焦调味品行业,就是因为这个行业具有独特的发展逻辑,如果对此缺乏理解,制定出的战略只会误人子弟。试想一下,如果一家咨询公司不了解企业所处的行业，只知道临时抱佛脚，到网上找一堆千篇一律的资料，企业又怎么敢将战略制定的重大事宜交给它呢？

在笔者看来，要为调味品企业提供成功的战略咨询，就必须深刻理解调味品行业的特性和底层发展逻辑。调味品行业的特性和底层发展逻辑有以下几点：

（1）黏性强

这个特性意味着调味品企业在产品上要有特色，在渠道及区域上则要提前布局、深入拓展，如此结合起来才能产生消费黏性。如果不理解这个特性，企业往往就会将快消品行业的操作手法生搬硬套到调味品行业上，高举高打，看起来声势浩大，其实都是"银样镴枪头"，中看不中用！

（2）赛道长

这意味着调味品行业的生命周期较长，企业对每个品类的发展阶段要有准确的认知，不能过早也不能过晚，要准确把握趋势。不了解这个特性，调味品企业就有可能错过行业发展的重要窗口期。海天之所以能够在酱油赛道遥遥领先，关键就在于其透彻洞察了酱油行业发展的节奏，二十多年来始终在这个赛道扎实耕耘，由此才收获了最大的红利！反观有些企业，在稍有根基时就转移战略方向，结果就是被边缘化，错失了在调味品行业获得领先的重要机会。

（3）品类替代

单一调料会逐渐被复合调料替代，但时间会很长，中间还会衍生出复杂的品类，企业也必须把握住这种品类替代的方向和节奏。品类替代是过去二十多年来调味品行业发展的重要驱动力，如果对这个特性缺乏理解，调味品企业就有可能固守传统的市场边界，不能顺应行业发展的趋势。之所以原来的味精企业现在基本上都处于没落状态，一个重要原因就是忽视了品类替代的发展规律。

(4) 品类分化

一旦行业发展到较成熟的阶段，竞争程度加剧，品类就会逐渐分化裂变，以满足消费者的更多细分需求，由此就有可能诞生出更多的商业机会，企业需要洞察正确的品类分化时机。品类分化与品类替代是相伴而生的，只有认识到这一点，调味品企业才有可能充分利用品类分化的机会来实现品类替代。

(5) 用途化引导

调味品都具有区域消费偏好，在产生黏性的同时也会产生局限性，只有通过用途化引导或场景消费引导，才能够跳出区域局限，做大市场容量。同质化是调味品行业的一个突出特点，其根源在于厂家思维而非用户思维，解决之道在于产品的用途化引导。很多企业不了解这一点，只会将精力放在空洞的、表面的所谓"差异化"上，实际上根本无法拨弄消费者的心弦，最终还是一厢情愿！

(6) 品类占位

成功的调味品企业都在某个品类建立了领导地位，从而牢牢地占据了顾客心智，做到这点的关键就在于打造大单品，成功的大单品往往代表一个品类，并能够在品牌和品类之间产生关联，使品牌等同于品类，成为品类的代言人，从而在市场中占据优势地位。很多调味品企业都不能认识到这一点，它们再努力，也只不过是在"卖产品"而已，而企业获胜的关键在于"占心智"而非"卖产品"，这就是调味品企业屡屡陷入"价格战"而不能自拔的根源！

……

还有很多专属于调味品行业的特性，充分理解这些特性，是调味品企业做好战略的前提！

现在流行一句话："一个人只能赚到认知范围内的钱，靠运气得来的财富一定会靠实力亏掉。"笔者深以为然！如果缺乏认知，把最好的战略放到企业面前，其结果也必然是"视而不见"！我为什么要写这本书？因为很多对调味品行业缺乏认知的业内外企业，也包括一些为企业提供专业服务的智业公司，要么靠经验，要么靠模型，其结果就是产生了一堆无用的"战略"，企业就被这些"战略"错误地引导着，留下了唏嘘和遗憾！

做好战略的前提是认知，而认知是建立在洞察规律之上的，这就是本书的核心思想。

推荐序1

调味品，作为日常生活不可或缺的一部分，其市场与行业的复杂性往往被忽视。然而，在这个看似普通的行业中，却蕴含着丰富的战略智慧和底层逻辑。当我首次接触《调味品战略的底层逻辑》这本书时，我被其深入浅出的分析和独特视角所吸引。这部作品不仅为我们揭示了调味品行业的真实面貌，更通过战略的角度，深入探讨了行业的底层逻辑和发展趋势。

在当今瞬息万变的商业环境中，调味品行业作为食品产业的重要组成部分，正逐渐展现出其独特的战略魅力和市场潜力。而《调味品战略的底层逻辑》一书，恰恰为我们揭示了这个行业背后的战略智慧和底层逻辑。

调味品行业，虽然在日常生活中看似微不足道，但其背后的市场规模、竞争格局、消费者需求等却是一个庞大的系统。在这个系统中，每一个参与者都需要有清晰的战略定位和明确的竞争策略，才能在这个充满变化的市场中立足。而《调味品战略的底层逻辑》正是这样一部能够帮助读者深入理解这个行业的作品。

作者通过对调味品行业的深入研究，结合战略管理的理论框架，为我们揭示了调味品行业的底层逻辑。这种底层逻辑不仅仅是表面的市场数据和消费者需求，更是深入到行业的核心竞争力和未来发展趋势。通过这部作品，我们可以清晰地看到调味品行业中的每一个参与者是如何在市场中找到自己的位置，如何制定和执行战略，以及如何在竞争中获得优势。

同时，《调味品战略的底层逻辑》也为我们提供了一种全新的视角来看待调味品行业。在这个行业中，不仅仅是产品的质量和口感，更是品牌的影响力、渠道的布局、消费者的忠诚度等因素的综合体现。这些因素相互交织，构成了一个复杂而富有挑战性的战略环境。而这本书正是通过深入剖析这些因素，帮助我们更好地理解和应对这个战略环境。

总的来说，《调味品战略的底层逻辑》是一部集行业深度与战略智慧于一体的佳作。它不仅为我们揭示了调味品行业的真实面貌和底层逻辑，更通过战略角度，为我们提供了在这个行业中获得成功的关键要素和策略。我相信，这部作品对于那些希望深入了解调味品行业、制定和执行战略的人来说，将是不可多得的宝贵参考。

调料家创始人

推荐序2

在调味品这一看似寻常、实则充满变数与深度的行业中，我们往往因为习惯了日常的操作与经营，而忽视了其中所蕴含的战略智慧与底层逻辑。今天，我向大家推荐一本不同寻常的著作——《调味品战略的底层逻辑》。

在调味品行业波澜壮阔的发展历程中，鲜有作品能如《调味品战略的底层逻辑》一般，以随笔的形式深入浅出地揭示这一行业的内在规律。本书的诞生，不仅填补了调味品行业战略解析的空白，更为我们提供了一个全新的视角，去重新审视和思考这个与我们日常生活息息相关的行业。

这本书不仅仅是对调味品行业的简单解读，更是作者二十多年专业经验的浓缩与提炼。通过战略、理念、增长、产品、渠道等多个维度的随笔文章，作者深入浅出地为我们揭示了调味品行业的发展规律与内在逻辑。这种全方位、多角度的分析，不仅让我们对调味品行业有了更加全面的认识，更为我们提供了宝贵的战略思考框架。

值得一提的是，作者的文笔流畅、观点独到，使得整本书既有深度又不失可读性。他不仅从整体上把握了调味品行业的发展态势，还通过细腻的笔触描绘了行业的各个细节。这种全面而细致的解析，不仅让我们看到了调味品行业的整体发展脉络，也让我们深入了解了其内部各个领域的独特魅力和挑战。

难能可贵的是，作者并没有满足于对行业发展规律的简单陈述，而是通过轻松的文笔和独特的观点，深入挖掘了那些超越常规理解的行业内在规律。这些规律不仅对于业内人士具有极高的参考价值，还能给业外人士带来全新的启示和思考。

最后，我要说，这本书不仅仅是一本关于调味品行业的书，更是一本关于战略思考、关于商业智慧的书。它教会我们如何透过现象看本质，如何在变幻莫测的市场中找到稳定的战略支点。我相信，无论是对于调味品行业的从业者还是其他行业的读者而言，这本书都将带来深刻的启示与收获。

我强烈推荐所有对调味品行业感兴趣的朋友，以及那些希望从不同角度审视和理解这个行业的读者，都能够阅读这本书。相信在阅读的过程中，你不仅能够获得丰富的知识和信息，更能够感受到作者对于这个行业的热爱和执着，以及对于行业未来发展的坚定信心。

内蒙古草原红太阳食品股份有限公司　于峻林

推荐序3

张戟老师是调味品资深战略增长专家,长期专注于调味品行业的研究,以此为事业著书立说,令人钦佩!

随着市场发展的深化和竞争环境的深刻演变,今天的企业要做出正确而有效的战略已经成为经营制胜的关键!

长期以来,我国许多企业基本上都是通过个人经验和直觉来制定企业战略,战略水平并没有得到根本性的提升!根本的原因还是在于这些企业对于行业发展规律没有深刻的了解和洞察,而战略要真正发挥作用,必须建立在遵循行业规律、把握行业趋势的前提下。

为此,作者凭借二十多年来在调味品行业所沉淀的专业积累,把对行业发展规律的深刻理解,通过战略与竞争、理念与认知、增长与发展、产品与需求、渠道与客户等多个篇章进行了解读。这些随笔文章来源于作者在战略咨询实践中的深度思考,没有采取体系化的结构,对于调味品行业的相关从业者更具有可读性,更容易触动思想,带来有价值的启示!

诚如作者这本新书所言:不懂行业就做不好战略!调味品行业是一个具有鲜明特性的传统行业,同时又在互联网时代融入了新的内涵。过去多年的经验表明，在发展中获得突出成绩的企业，都是对调味品行业进行了深入和透彻的洞察，谁了解得越充分、越精准，谁就能够摸准行业发展的脉搏，做对决策。所以，对调味品行业发展的认知程度，也成为调味品企业家最重要的软实力之一。

过去三年的疫情，打破了调味品行业过去二十多年来的发展节奏，现在调味品行业正面临着全新的发展周期。过去行业中比较确定性的发展节奏已经被打乱，在此背景下，调味品行业也将呈现出全新的发展特点。

现在面对信息化快速发展、各地消费者口味融合变化等新的市场需求和新的竞争格局，给调味品行业带来新的变革机会。企业规模不论大小，承压能力无论强弱，面临的压力和挑战都是一样艰巨。调味品行业未来的不确定性，仍然需要我们对行业进行深入研究和主动创造，这样才能使我们坚守核心，提升韧性，在不确定性中找到发展的确定性！

是为序。

四川省郫县豆瓣股份有限公司董事长

推荐序4

调味品，作为餐饮文化的灵魂，早已深深地融入了人们的日常生活中。而在这个看似平常却蕴藏着巨大商机的行业中，却鲜有书籍能够系统、深入地揭示其发展的底层逻辑。而今，我们有幸得到了一本这样的著作——《调味品战略的底层逻辑》。

本书作者凭借其在调味品行业长达二十多年的专业积淀，为我们打开了一扇通往调味品行业深层规律的窗户。他不仅从整体的角度，对调味品行业的发展脉络进行了梳理，还从局部入手，深入剖析了行业的每一个细微之处。他的笔触轻松而又不失深刻，观点独特且充满洞见，使得这本书成为调味品行业的宝典。

在《调味品战略的底层逻辑》中，作者通过丰富的案例和深入的分析，阐述了调味品行业的发展规律。他不仅关注行业的宏观趋势，还对行业的微观变化进行了敏锐地捕捉。他的观点既具有前瞻性，又充满实用性，为调味品行业的从业者提供了宝贵的战略思考和实践指南。

此外，这本书的文笔也让人印象深刻。作者以轻松幽默的方式，讲述了调味品行业的点点滴滴，使得阅读过程既有趣又富有启发性。他的文字不仅让我们感受到了调味品行业的魅力，更让我们对这个行业有了更加深入的了解和认识。

更重要的是，这本书并不仅仅局限于对调味品行业的描述和分析，而是通过独特的视角和深刻的洞察，揭示了行业的内在规律。这些规律不仅对于调味品行业的从业者具有指导意义，对于其他行业的人们来说，也是一笔宝贵的财富。它们可以帮助我们更好地理解市场、把握机遇、应对挑战，从而实现更加稳健和可持续的发展。

因此，我强烈推荐大家阅读《调味品战略的底层逻辑》这本书。无论你是调味品行业的从业者，还是对这个行业感兴趣的业外人士，这本书都将给你带来深刻的启示和收获。它将帮助你更好地了解调味品行业的发展现状和未来趋势，激发你的创新思维和战略意识，让你在商业竞争中脱颖而出。

最后，我要感谢作者为我们带来了这样一本优秀的著作。他的智慧和经验，将为我们这个行业带来更多的活力和机遇。同时，我也相信，这本书的出版，将推动调味品行业向着更加成熟和繁荣的方向发展。

四川饭扫光食品集团有限公司董事长

· 目 录 ·

第一章　战略与竞争

一、你确定自己真的知道战略吗 // 003
二、不要用战术的勤奋掩盖战略的平庸 // 007
三、重构改变命运 // 011
四、最大的战略就是格局 // 016
五、从产业格局实现战略破局 // 020
六、调味品企业战略破局三要素 // 024
七、从细分战术到边界战略 // 029
八、竞争战略的核心逻辑 // 034
九、不同生命周期的竞争战略 // 039
十、基于优势竞争 // 044
十一、战略VS节奏 // 048
十二、从"两张皮"到"知行合一" // 054

第二章　理念与认知

一、认知与能力是企业的真正边界 // 063
二、以始为终与以终为始 // 066
三、别让"补短板"误了你 // 070
四、要眼前业绩还是持久业绩 // 074
五、结硬寨，打呆仗 // 078

六、从费用率看企业战略思维 // 085
七、所有和吃有关的都是味道生意 // 090
八、调味品企业的福与祸 // 094

第三章 增长与发展

一、调味品行业市场增长的核心逻辑 // 103
二、"做得更好"还是"与众不同" // 110
三、企业实现弯道超车的六大特质 // 115
四、企业突破成长天花板的关键 // 121
五、五大要素助力区域调味品企业破局突围 // 128
六、有效挖掘业绩增量的"十二字"真经 // 134
七、可复制：推动业绩增长的关键 // 139

第四章 产品与需求

一、营销，从需求开始 // 147
二、你做对产品了吗 // 150
三、换个视角产品会大不一样 // 155
四、价值，就是帮助顾客完成重要任务 // 159
五、复合调料，不要不把基础调料当回事儿 // 164
六、选对品类是做好复合调味品的关键 // 170
七、涨价的背后逻辑是什么 // 175
八、成功涨价的正确思维 // 182

第五章 渠道与客户

一、渠道比产品重要 // 191
二、再论"渠道比产品更重要" // 195
三、打造1+N多元渠道组合模式 // 199
四、你错误理解了经销商 // 204
五、强强联合实现厂商深度合作 // 209
六、莫让渠道促销成为价格折让 // 214
七、聚焦掌控有效终端 // 218
八、渠道碎片化时代的变与不变 // 222

后记 // 229

第一章

战略与竞争

一、你确定自己真的知道战略吗

战略（strategy）一词最早是军事方面的概念，其特征是发现智谋的纲领。在今天的商业世界中，战略则是一种从全局考虑，谋划实现全局目标的规划。

过去，战略是战争的产物；现在，战略则是竞争的产物，没有竞争就没有战略。如果一项业务只有一家企业去经营，还需要什么竞争呢？没有竞争，又需要什么战略呢？

（一）战略的意义就在于先胜而后求战

《孙子兵法·形篇》云："胜兵先胜而后求战，败兵先战而后求胜。"然而，这句至理名言被忽视了很多年，很多企业在准备参与竞争时根本没有想过这个问题。今天，我们看到许多企业都是先战而后求胜，杀敌一千自损八百的事一抓一大把！当然，最高的境界还是不战而胜，不过这在现实的商业环境中几乎不存在，所以如何实现先胜而后求战是最现实的。

我们常常听到"以弱胜强"，实际上很多人都被这句话带偏了。"以弱胜强"只不过是表面上的，本质上仍然是"以强胜弱"。所谓水滴石穿，看起来水比石头弱，但水总是冲着石头的一个部位经年累月地滴下去，实际上已经是"以强胜弱"了。

（二）战略是让企业站在未来看现在，而不是从现在看未来

有的企业说："战略根本没什么用！"你确定真的是这样吗？如果你认为战略没有用，那很可能你根本就不懂战略，或者说你不幸遇到了一个假战略。通常这样说的企业，认为战略很虚，都是一些概念，根本落不了地。如果企业的战略真的是这样的，那只不过是一个假战略而已，这种根本就算不得战略。战略绝不只是一些概念，也不是虚无缥缈的东西，而是能够切实有效地指导企业的经营活动，做什么、不做什么、什么时候做、用多少资源，如果没有战略，我们很难想象企业到底该如何开展经营！

有的企业说："我们的战略很清晰，就是执行力弱！"你确定真的是这样吗？这种说法把战略割裂开了，成了"两张皮"，其实企业仍然缺乏一个完整的战略。一个不能很好地执行的战略还能够说有战略吗？你在做战略的时候难道没有考虑企业现在的执行力是什么水平吗？按照企业当前的核心能力，能不能干好战略要求的事情也没有搞清楚吗？所以，执行力弱而导致战略无法落地的说法是完全说不通的，等于是说战略没有做对，说的是一套，做的又是另一套！

还有人说："战略是从战术发展出来的！"你确定真的是这样吗？大家有没有从中体会出"刻舟求剑"的味道，因为某一天我使用了一招打败了对手，感觉很管用，而且碰巧多次用同样的招数也取得了胜利。于是，我认为这个招数可以运用在和更多对手的交战中，而不管这个对手是谁、有什么背景、处在什么样的环境。这不就是程咬金的三板斧吗？从战术发展为战略，也就是说，用过去的经验来应对未来的发展，这真的可以吗？现在几乎每个食品企业都懂得招商、铺货、陈列、导购、生动化、促销、宣传等，但为什么企业之间的业绩差异仍然很大呢？背后发挥作用的就是战

略，同样的动作，如果选择的方向不同、投入的资源不同，其结果会有极大的差异。战略是基于对未来的洞察来做出今天的行动，绝不是基于今天的行动来应对未来的变化，所以战术绝不可能发展为战略！

说了那么多，最终我们还是要回到战略到底是什么这个问题？

使命是战略吗？有的企业说："我们的战略是为消费者提供美味健康的调味食品。"这是战略吗？像，但可惜不是。这是企业的使命，是企业为什么要干一件事的理由，这和竞争无关，你可以将这个理由作为自己的使命，不过不是战略！

愿景是战略吗？有的企业说："我们的战略是成为调味品行业的领导品牌。"这是战略吗？也像，但不是。这是企业的愿景，是企业想要扮演什么角色的愿望，但无法指导企业如何开展竞争。愿景是企业的愿望，并不是战略！

目标是战略吗？有的企业说："我们的战略是3年内做到10亿元并成功上市。"这是战略吗？像，但仍然不是。这是企业的经营目标，也可以理解为是某一个阶段的愿景，同样无法有效指导企业开展竞争。有的企业还热衷于将这个目标进行分解，甚至认为这就是战略规划，其实大谬也，这样做只不过是数字游戏而已。目标只是一个任务，但并不是战略！

综上所述，凡是与竞争无关或无法指导企业去开展竞争的，都不是战略！

到底什么才是战略呢？

战略就是企业为构建独特竞争优势而做出的一系列选择，要清晰地回答：我是谁、要到哪里去、在哪里竞争、如何制胜。

"我是谁"，说的是企业的业务定义是什么，是味精还是鲜味调味料，是鲜味调味料还是健康调味品；"到哪里去"，说的是要构建什么样的竞争地位，是整体领先还是局部领先；"在哪里竞争"，说的是企业的市场边界在哪里，是整个调味品市场，还是家庭消费市场，或是餐饮市场；"如何制胜"，说的是企业为顾客提供什么样的独特核心价值，并且通过什么途径来有效传递给顾客。

讲理论可能不好理解，举个例子。

千禾味业的战略是什么？基于上述定义，千禾的战略应该是：以健康调味品在中高端市场展开竞争，成为综合性的健康调味品提供商，在中高端消费市场占据领先地位，通过推出"零添加"和"有机"产品来为消费者提供独特的核心价值，然后再通过区域聚焦的差异化错位竞争来实现核心价值。

太太乐的战略应该是：以复合调味料在大众鲜味市场展开竞争，成为专业化的鲜味调味品提供商，在大众鲜味市场占据领先地位，通过鸡精、蘑菇精、蔬菜精、鲜味酱油等复合化产品来为消费者提供丰富的鲜味体验，再通过渠道复合和城市聚焦来有效传递核心价值。按照上述定义的内在逻辑，每家企业都可以精准地制定出正确的战略，以指导企业有效地开展竞争并获得优势，这样的战略才是一个好战略。

（三）战略必须做到知行合一，所有的战略规划都要转化为具体的工作

一个基本的销售动作——铺货，到底是战略还是战术？答案是：有时候是战术，有时候则是战略。如果铺货关系到企业的整体规划能否落地，那么它就是战略，否则就是战术。反过来说，战略只有转化为像铺货、陈列、促销这样的战术动作，才能够真正被执行。从这个意义上讲，与战略相关的这些战术动作也构成了战略的有效部分。知行不能分离，这个道理

不太容易理解，所以有的人才会说："战略是由战术发展而成的。"实际上，战术是战略的组成部分。

说到这里，你应该对战略有更深入地认识了，但是仍然有可能"一听就懂、一做就错"，要真正掌握还要靠更加专业地分析和不断地实践。抛开方法论不说，在认知的层面，必须要扶正战略在企业经营中所具有的核心地位。记住：先胜而后求战，无战略，不竞争！

二、不要用战术的勤奋掩盖战略的平庸

大多数企业要么没有战略，要么战略都很平庸。对此，大家都可以做个简单的测验，如果您是一家企业的老总或者高管，可以问一下自己，能不能用一句话讲清楚公司的战略是什么。我们会发现，可能绝大多数都做不到，或者一句话讲不清楚，抑或一句话讲不出特色，这些都可以视为没有战略或者战略平庸。

我们通常听到这样的话："做中国健康营养美味便捷调味的领军企业""做中国最具竞争力和高附加值的调味品牌""让烹饪变得更简单、健康、有滋味""专注于复合调味品主业，聚焦餐饮服务业，坚持民用调味品继续推动公司保持持续、健康、稳定地发展""打造××行业第一品牌""做中国××行业第一高端品牌"等。这些往往被企业认为是战略，但可惜，这些只能说是企业的使命或者愿景，并不是战略。

有意思的是，很多企业的战略并不是独立体现的，而是放在企业文化中，其中透露出的信息可能是："战略主要是拿来给别人看的。"事实也是如此，因为这些异化为使命或愿景的所谓"战略"，基本上都是挂在墙上

的标语口号，根本就不能有效地指导企业在竞争中获得优势。

还有不少企业没有这句话，而是用了很多话来表达企业的战略，诸如经营战略、品牌战略、产品战略、营销战略、人才战略等，似乎这些可以体现出企业战略的丰富性，实际上这些分散的战略并没有一个核心，更多是口号式的表达，谈不上战略。

一些企业对战略不屑一顾，认为战略无非是一些概念或方向，说多了也没用，关键是要做到位。而且现在产品同质化非常严重，大家的产品差别不大，还是要看谁在渠道、客户、区域上的运作更有效。不能说这些企业想得没有道理，相较于那些空洞的概念或方向，更务实地将各项工作做好，当然有助于企业经营业绩的提升，但是如果没有精准高明的战略，企业即便将各种基础工作做得很好，也未必能获得快速地增长，这就是"事倍功半"。

为什么千禾味业能够从一个添加剂企业迅速成长为一个领先的酱油品牌企业？与其他调味品企业相比，难道千禾味业的销售团队比他们的销售团队优秀很多吗？当然不是，情况可能恰恰相反，一些酱油行业中的老牌企业，其销售团队的经验和能力不可谓不强，但为什么竞争不过一个新兴企业呢？答案就在于战略。千禾味业并非胜在战术，而是赢在战略，通过在健康调味品领域的提前布局，通过对"零添加"核心价值定位的精准提炼，千禾在酱油行业中站住了脚，并在"零添加"酱油这个细分品类中获得了领先的竞争优势，这就是战略的力量！

当然，也存在这样一类企业，它们并没有将战略用一句话说出来，但在经营过程中体现出来的战略却非常精准。这种状况是非常个性化的，概率和中彩票一样，有可能是该企业的执行力非常强，领导怎么说就怎么做，久而久之便固化成了企业文化；或者企业领导的战略决策力非常出色，能够清晰地看到战略的本质，并通过强大的执行文化推动其得以落实。不管是哪一种，对于大多数企业来说都是可遇而不可求的，只有被清晰表达出来并自上而下传递到位，才能体现出战略的作用。

时至今日，笔者越来越感觉到战略的重要性，也越来越感觉到企业对战略的误解如此之深，即便一些领导企业也不例外！为什么大多数企业都深陷于大起大落的困局？因为这些企业缺乏精准战略的有效指导！

有市场竞争就有战略存在的必要，没有竞争就没有战略！战略的本质是使企业能够从竞争中脱颖而出，获得领先优势。什么是战略？战略就是为了使企业获得独特的竞争优势而做出的一系列选择。这是一个简洁而有效的定义，要衡量一个企业到底有没有战略，或者战略是否平庸，就要看企业做出的一系列行动是否独特，能否获得优势，如果不符合这两点，这个战略必定是平庸的。

企业要避免平庸的战略，就必须用一句话清晰地表达出这几点：我是谁、要到哪里去、在哪里竞争、如何制胜。

回答清楚这几个问题，就要不断在独特和优势之间进行深入分析，直到确保每个问题都能够得到精确的答案。有的企业老总说要搞清楚这些太难了。问题就在这里，正是因为这些分析很难、很专业，企业才更需要搞清楚，而不能因为难干脆不做了。

在优秀战略的四要素中，"我是谁"要解决的是定义企业的业务角色问题，关系到企业的业务范围是否合理。精准定义"我是谁"有助于避免经营短视症，比如你经营的到底是酱油业务还是调味品业务、是家庭消费业务还是餐饮业务、是中式调味品还是西式调味品等。战略到底是优秀还是平庸，首先取决于你对自身业务的定义。

"要到哪里去"解决的是企业要构建什么样的竞争优势问题，是在整体市场还是局部市场、是关注销售规模还是利润规模、是关注品牌影响力还是市场份额，这种竞争优势将转化为企业的经营使命、愿景或目标，所以通常企业说的战略仅仅是战略的一个部分，并不是战略的全部。

"在哪里竞争"解决的是界定企业的市场边界问题，也就是界定竞争的战场在哪里，是在家庭消费市场还是在餐饮市场、是在大众消费市场还是在中高端消费市场、是在鲜味消费市场还是在健康消费市场等。战场错了，一切皆错。

"如何制胜"解决的是企业如何建立优势的路径，重点是核心价值定位及传递价值的路径，也可以说是商业模式的构建，这是战略得以落地执行的关键。知行必定合一，没有这一点，意味着真正的战略并不存在！

按照上述优秀战略的定义，我们可以对任一企业的战略进行归纳总结，比如海天味业的战略可以提炼为在整体调味市场展开竞争并占据领导地位，成为综合性的调味品提供商，通过规模化为消费者提供高性价比的产品，并通过强大的品牌建设及渠道联盟体系来实现核心价值；老干妈的战略可以提炼为在大众化辣味市场展开竞争，成为辣味调味品的领导品牌，通过品质保证及大客户经营来实现核心价值。以此类推，结合每家企业的具体情况，都可以用一句话将战略精准提炼出来。当然，战略是否平庸要看能否按照四要素分析到位了。

现在国内企业并不缺战术，营销人才的整体素质也大为提升，企业要找到能够有效执行战术的销售人才并不难。企业普遍缺乏的是战略，能够正确理解战略，并具有战略规划和实施能力的一把手更是难得，影响企业竞争优势建立的恰恰就在于战略。因此，我们必须正本清源，几乎每家企业的销售人员都知道如何招商、铺货、陈列、导购、促销，但为什么有的企业经营得好，有的企业经营得差呢？战略才是形成竞争优劣差异的根源。今天的中国企业也到了必须实施战略升级的时候,所有企业都必须牢记:**平庸的战略绝不会造就优秀的企业,哪怕它的战术执行极其勤奋**!

三、重构改变命运

现在的市场环境变化迅速,新的热点、新的商业模式不断涌现,稍不留神,企业的发展之路可能就会跑偏。所以,在这个飞速变化的时代,企业随时都要做好迎接变化的准备,主动对企业的经营进行重构,始终把握好船舵,确保企业走在正确的航道上!

海尔,自从张瑞敏担任厂长及领导者以来,对自己的重构多年来就没有停过。在一次参观海尔大学时,海尔的高管就告诉我们,他们一年来大的组织变动就有七八次,所有员工都适应了,所以我们可以看到从海尔诞生的诸多经营理念和商业模式,如斜坡球体理论、激活休克鱼、日清日高、SST市场链、人单合一、创客平台等。正因为海尔凭着内生的变革精神不断对企业进行重构,才保证了一个庞大的多元化企业始终能够追随时代的步伐,没有在变化莫测的市场环境中迷失自己,始终走在市场前沿。

企业要想主宰自己的命运,不在时代转换之际被边缘化甚至被淘汰,就必须敢于重构、善于重构,将重构当作一种常态,不断审视自身的战略能否顺应市场趋势,使自己始终对环境有一种敏锐的洞察力,如此方能推动企业常青。

总的来说,企业的重构主要包括边界重构、业务重构、渠道重构和组织重构四大方面。

（一）边界重构

边界重构是企业战略活化的核心内容。 战略绝不是静态的，随着环境和竞争态势的变化，企业战略必然会相应调整，其核心就是要做到动态的边界重构。市场是由众多的消费需求构成，不同的消费需求相互独立又相互交织，有时边界清晰，有时边界模糊，这些变化都给企业的经营带来不确定性，准确地界定市场边界，便成了企业重构的关键。

成都扬名食品，多年前其原有的市场边界主要在于酱油、豆瓣酱等基础调料市场，经营业绩徘徊在数千万元，继续下去将面临着极大的挑战。通过市场调查，扬名食品洞察了火锅底料行业的发展趋势，开创"手工全型火锅底料"品类，顺应了追求高品质的消费升级趋势，抢先占据高端火锅底料市场，推动企业实现了爆发式增长。

而鸡精行业的领头羊太太乐，更是不断重构自己的市场边界，牢牢守住"鲜味"核心价值，从鸡精逐步扩展到鸡鲜调味料、鲜味酱油、蚝油再到菜谱式调料等，已经从原来的单一鸡精经营企业转型为一个以"鲜"为核心的综合性调味品企业，为以后的持续增长打开了巨大的空间。

这些有效实施了边界重构的企业，都是具有前瞻的战略意识，但是还有许多企业并不具备重构意识，包括一些知名和领先的调味品企业。比如老干妈，虽然多年来牢牢占据豆豉酱的领导地位，但是近几年其增长已经处于停滞和下滑状态，这就表明其原有的市场边界已经遇到了瓶颈，如果不及时进行重构，衰退也是必然的。

正如当年的传呼机在市场边界的高峰期遭遇手机的侵袭，结果市场边界完全被手机替代；而单纯的手机在高峰期又遭遇智能移动设备的侵袭，市场边界最后也完全被替代；还有胶卷市场在高峰期受到数字化的冲击，如今已完全被数字成像替代……

边界变迁的例子还有很多，在实际的经营过程中很残酷，一些企业就这样不明不白地衰落或消失了，就像诺基亚最后一任CEO所说："我们并没有做错什么，但是我们却输了！"是的，你并没有做错什么，但那是在原先的市场边界中，在全新的市场边界中，你已经多余，失败是必然的！

（二）业务重构

德鲁克理论中有一个重要的"业务理论"，其核心就涉及企业经营业务的重构，对此企业要回答的就是三个问题：我们的业务是什么？我们的业务应该是什么？我们的业务将会变成什么？这个"业务"可以是品类，也可以是渠道，还可以是品牌。企业的业务重构与边界重构是直接关联的，一旦企业的边界发生重构，那么其业务也一定会进行相应地重构。

颐海国际的市场边界从"火锅调料"转向"中式复合调料"时，其业务结构也就从火锅调料单一品类变成了"火锅调料+中式菜品调料+辣酱+方便速食"等；千禾味业的市场边界从添加剂转向了健康调味品，其业务结构也就从焦糖色业务变成了零添加酱油、有机酱油、食醋、料酒等健康调味品。

企业经营的重构，带来的也是企业经营角色的调整，即我是谁？

一个以味精品类为核心业务结构的企业，可以将自己的角色定义为"专业味精制造商"，一旦其将业务重构为"味精+鸡精+鸡粉+鸡汁+鲜味酱油",那么它的角色就将变成"鲜味调味料解决方案提供商"。

在业务重构中,企业必须要注意的是,重构后的企业角色必须能够被消费者直观地认知和感受,不能自说自话。企业角色实际上也是战略的重要组成部分,而一个有效的战略必须能够被消费者所认知,这样才能使战略价值穿透到消费者心智中。

同时,伴随着业务重构的还有商业模式重构,两者之间也是紧密相关的。比如原有以加工或定制为核心业务的调味品企业转向餐饮流通业务或者家庭业务,其商业模式就要从之前的B2B大客户直销模式转变为KA零售商直营/经销商直供+渠道商分销+区域差异化拓展+终端运营相结合的模式,如此方能有效支持业务重构的顺利实现。

（三）渠道重构

目前国内市场环境异常混杂,多种渠道业态交织在一起,一旦企业的边界和业务发生了重构,那么必然要对渠道进行重构。

渠道重构的核心也就是四个方面的重构：宽度、长度、密度和强度。即：渠道类型、渠道层级、渠道覆盖和渠道管控。

从渠道类型上说,渠道重构就是要根据业务结构的特性,对渠道进入类型进行增减,不适应的就要退出,新兴渠道发展迅速就要增加。

从渠道层级上说,渠道重构就是要调整渠道的渗透速度和成本,也就是在效率和成本之间形成新的平衡关系,原先层级多的、效率低的可能要减少,为此也要增加资源投入,而原先层级少的、成本高的则可能要增加层级,以降低运营成本。

从渠道覆盖上说,渠道重构就是要调整产品的渠道覆盖面,有的覆盖过于广泛的要进行收缩,提高渠道覆盖的精准度,减少低产出渠道,有的则要增加覆盖面，特别是利用新兴渠道的发展来提升品牌影响力。

从渠道管控上说，渠道重构就是要调整厂商之间对于渠道掌控的主导权，原先渠道商占主导的，现在企业可能要拿回主导权，强化对渠道的管控力，或者原先企业对渠道掌控过强的，现在为了降低成本，也需要将部分控制权还给渠道商。

综上所述，渠道是一个综合的商业生态，其形成并非一成不变，外部环境的变化、厂商力量的消长，都会导致渠道重构，并且这在企业的商业模式中是不可回避的一环，其重构成功与否，直接关系到企业战略的成败。

（四）组织重构

前面三个重构都和外部环境有关，而组织重构是企业内部的，是对上述三个方面的保障。

在战略中有一个非常重要的因素就是"组织适应"，组织存在的意义就是实施战略，任何一个战略的落地都必须有赖于组织的高效执行。

所以，上述三种重构都必然伴随着内部组织的重构。组织重构涉及组织体系、业务流程、激励体系三个方面。

组织体系重构：每个企业的经营活动都必须体现在相应的组织体系中，要转化为不同部门和岗位的核心职能，从而使关键活动都能得到组织支持。所以，当企业的边界、业务及渠道等都进行了重构之后，自然配套的组织体系也必须进行重构，要将调整后的业务及商业模式都转化到对应的组织职能之中。

业务流程重构：一旦组织职能发生变化，贯穿在各部门之间的业务流程也会发生变化，诸如产品研发、新品上市、客户开发、订单处理、费用核销等,再加上IT及互联网技术在企业内部的应用,也会推动业务流程的重构,其本质就是使各项关键活动的运行保持高效状态。

激励体系重构:这和上述两个方面密切关联,激励体系涉及团队的薪酬结构、考核方式及分配额度,要使重构后的业务及商业模式得以有效落地,自然激励体系也必须进行配套重构。从某种程度上讲,团队执行力涉及利益分配问题,只有当利益分配与企业实施的各项重构相匹配,才能最终保障战略转型的成功!

四、最大的战略就是格局

什么是格局?格是对认知范围内事物认知的程度,局是指认知范围内所做事情及事情的结果,合起来称之为格局。平常听到对某人做事非常赞赏,往往就会说那人"有格局",大概是"高明"的意思,看来"格局"在大家的心中占有非常高的地位。

很多企业都在参与竞争,为什么有的企业就能发展得好,有的则不行呢?或者有的企业能够实现持续良性发展,而有的却只能短暂辉煌呢?原因自然非常复杂,但是格局必定是其中最关键的一个。

笔者和多家企业的老总交流过,为什么从战术上来看,很多企业的产品差异化并不大,且商业模式也差不多,大家都在开展一系列的招商、铺货、陈列、导购、促销、推广等营销行动,但很多企业未能获得成功呢?而那些在竞争中遥遥领先的企业,究竟又做对了什么呢?答案就在于格局,同样的战术动作,谁的格局高,谁就能在竞争中获胜!

因此,最大的战略就是格局,格局有多大,战略就有多大,合起来也可以称作战略格局。

要做到有战略格局，就要从三个方面入手，即，站得高、看得远、想得深。

（一）站得高

所谓站得高，就是战略格局一定要有广度，看问题一定要全面，要从各个角度进行综合分析，这样才有可能把握战略全局。

《红顶商人胡雪岩》里有一段话："如果你拥有一县的眼光，那你可以做一县的生意；如果你拥有一省的眼光，那么你可以做一省的生意；如果你拥有天下的眼光，那么你可以做天下的生意。"这个眼光，就是站得高，能够看到很广阔的范围，从而发现更多的机会。

放在企业经营中，能看到多大的市场边界关系到企业经营的格局有多大。

汽车诞生前，所有制造马车的企业无论经营得再好，也只不过是制造跑得更快的马车而已，这种战略格局就被"马车"给束缚住了。如今不但汽车已经成了交通行业的主流，跑得更快的火车、飞机也占据了相当大的市场，

如果企业只是看到产品的物理属性，那么格局也只不过是有形的产品那么大；如果能够透过物理属性看到无形的消费需求，那么就有可能打破有形产品的束缚，与时俱进地推动业务发展。

如果眼中只看到传呼机，就会看不到手机中蕴藏着高效传递信息的巨大机会；如果眼中只看到手机，同样看不到移动智能设备在互联网环境中蕴藏着构建虚拟社会化平台的巨大商机。因此，当年的传呼机老大润迅通信消失了，崛起的是摩托罗拉、爱立信和诺基亚等手机企业，然后手机老

大摩托罗拉和诺基亚相继倒下,崛起的是苹果、三星、华为等移动智能设备企业。

在调味品行业中,如果企业的眼中只看到味精,就会看不到"鲜味市场"的发展空间,就会错失鸡精的品类机会,也会错失鲜味酱油的行业红利。味精的市场边界是有限的,但是"鲜味"的市场边界是无限的。

没有战略格局的高度,企业就不可能看到市场边界的广度,视野窄,战略机会自然也就窄。

(二)看得远

所谓看得远就是看趋势,谁看到的趋势远,谁就具有更高的战略格局。

马云所说:"拿着望远镜都找不到对手。"这就是看得远的格局,为什么看不到,因为对手都在旁边或身后,战略是站在未来看现在,而不是站在现在看未来,真正的高手一定看得很远,远到他的所作所为都超出了你的想象,你还怎么与他竞争!

小米的董事长雷军在总结其成功经验时说:"第一条,看五年、想三年、认认真真做好一两年;第二条,在对的时候做对的事情;第三条,顺势而为,不要做逆天的事情。如果你能把握好大的时机,把握好每个看似运气的关键点,你的成功就会变得轻轻松松。"所以,他当时判断五年后将是移动互联网的天下,于是投资做小米手机,如今已形成了一个庞大的小米生态链,以小米移动智能设备为平台,建立了一个涉及消费者生活方方面面的物联网体系,这就是雷军的战略格局!

调味品行业中,海天味业看得很远,对酱油行业的趋势把握精准,老抽的爆发成就了海天草菇老抽,从老抽转向生抽的趋势成就了海天金标生抽，如今高鲜酱油的风口又推动了海天味极鲜酱油的高速增长。李锦记也看得远，在推出用途化蒸鱼豉油大获成功后，又瞄准了减盐酱油市场，如今在湖南、湖北、海南等地培育了强势市场，并且获得了减盐酱油品类的销售冠军；千禾酱油更是看得远，其在2008年首度提出"零添加"概念，以高价切入竞争激烈的酱油市场，在风口期顺势而为，短短几年实现了快速发展，在2022年更是借助"零添加双标"事件收获最大红利，这就是源于其对消费升级的精准把握。

（三）想得深

所谓想得深，就是看事物之间的联系，不能只是看表面，还要深入下去看到最深处的逻辑关系，从中发掘出常人难以看到的机会。

这里还要说小米，如今的小米生态链企业，已经达成超100家的投资目标，涵盖了"黑科技、新零售、国际化、人工智能和互联网金融"五大领域。野马财经如此描述小米的资本路径：起初依靠接近成本价的硬件产品获取海量用户，随后通过互联网应用软件进行流量变现；布局金融业务后，小米从支付入手，然后切入贷款、保险、理财等领域，进行流量的直接变现。与此同时，全面铺开的小米之家和小米商城，以及全网电商，共同构成了其"线上+线下"的新零售闭环，如同阿里、腾讯一样，都是具有罕见战略格局的企业。

调味品行业中，海天味业的战略格局也很深，其业务结构几乎涵盖了所有调味品品类，并且在酱油、调味酱、蚝油、食醋四大品类都处于领导或者领先的市场地位。更关键的是，其在多个品类领域步步为营，有节奏地进行推广发展，既实现了系统布局，也构建了竞争优势。这种战略格局使其遥遥领先，牢牢地占据了行业领导者的地位！

五、从产业格局实现战略破局

战略就是格局，有多大的格局就有多大的战略！把握产业格局就是最大的战略！

战略就是"为了构建独特的竞争优势而对企业的经营活动做出的一系列选择"，而要把"构建独特的竞争优势"这个核心搞清楚，有一个关键点是绝大多数企业都忽视的，那就是产业格局的变化。企业制定战略时基本上只是从企业微观的层面考虑，如果我们能够把视角提高一个层面，从微观提升到中观，就会对企业的战略选择有更加透彻的认知。

比如企业从自身出发，确定了以"家庭中高端健康需求"作为战略方向，并且对经营活动的关键环节进行匹配。看起来这个战略是不错的，很清晰，也符合未来的消费方向，但是如果我们将视角拉高一些，从中观的角度来看，那么结果很可能截然不同！假设这家企业的主营业务是味精，那么"家庭中高端健康需求"这个战略就是完全错误的，因为味精行业已经处于固化期，行业增速慢，市场集中度极高，已经处于垄断状态，而且味精在家庭消费中处于持续下滑态势，其市场份额不断被鲜味酱油和蚝油蚕食，即便是"中高端健康"的诉求也无法打动消费者，这与行业发展趋势背道而驰！对于处在垄断行业中的企业而言，其战略的首要之处就是重构市场边界，从味精行业中跳出来，选择其他更具发展潜力的行业进行拓展，如果忽视这一点，谈什么战略都是没有价值的！

忽略自身所处的产业格局，这是许多企业战略无效的根源，本质上是企业的视角狭窄，看不到对自己真正重要的战略是什么。有的企业处于已经固化没有前景的产业，却浑然不知，仍然梦想着有朝一日能够一炮而红，还在持续往市场砸钱！有的企业所处的产业还在培育期，行业的爆发阶段远未到来，但企业抱着一腔产业报国的热血，执着地投入金钱，结果伤痕累累，除了留下一些唏嘘感慨，何时才能拨云见天日却不得而知！还的企业处于快速发展的产业，行业发展如日中天，却看到很多企业进入该行业，由此认为行业过热，误以为行业已没有太多机会，于是收缩战线甚至转移战场，过早地偏离了行业主赛道，失去了令企业抓住时机快速成长的好机会！

从企业自身的角度看，领导者通常认为是自己的努力决定着企业的命运，但实际上是产业格局决定着企业的命运！回顾过去的20年，看看不同调味品企业的命运，想想如果可以重来，自己会做怎样的决策？是否会和以前有很大不同？企业领导者的核心任务，就是不断发现产业发展趋势，从中洞察改变命运的转折点。什么力量都挡不过趋势的力量，企业的成功一定是立足于产业发展的趋势。如果脱离了产业趋势，企业的日子必将过得艰辛无比！

产业格局是企业制定战略的前提条件，不同的产业格局将直接影响企业的战略选择。

首先，如果有可能，企业一定要选择具有发展潜力的产业进行拓展。**在不同的产业格局中，存在着培育型、分散型、动荡型、稳定型、固化型这几种产业类型，每一种产业类型都有着不同的市场容量、增长速度和竞争格局。**企业应该尽量选择市场容量更大、增长速度更快、市场集中度更低的产业，在这样的赛道上，产业所具有的能量可以推动企业实现快速增长，这种力量要远远大于企业自身的力量！

在调味品行业中，属于稳定型状态的有酱油和鸡精行业。在这两个行业中，分别呈现出"一超多强"的局面，其中2023年酱油行业CR5达到39%，鸡精行业CR5则高达65%，所以在这两个行业中的商业机会已不大，整体竞争格局已定，整个市场被10家以内的头部和腰部企业控制，尾部企业及外来新进入者都会面临极大的竞争压力。

属于分散型产业类型的有食醋和调味酱行业，其市场格局呈现增速慢、市场分散、集中度低、区域偏好明显的特点，缺乏爆发性的市场机会。进入这类行业，企业就要做好"长期抗战"的准备，要有良好的心态。

属于动荡型产业类型的则有火锅调料和川菜调料行业，整体市场正处于快速成长阶段，市场容量持续扩张、增长速度快、进入者增多、竞争态势趋于激烈。在这种态势下，市场存在较大变局，没有谁处于绝对的领导地位，谁都有机会脱颖而出，而暂时的领先者稍有不慎就可能被超越，这就给众多企业营造了无限的遐想空间！

选择大于努力，选择正确的赛道就是企业最大的战略，如果企业能够了解自身所处的产业及特性，就能对核心业务及商业模式作出正确的决策，顺势而为；若非如此，企业必将陷入以一己之力对抗产业大势的不利局面，基本上也就失去了进入主流赛道的机会！

其次，**一旦选择了正确的赛道，就要按照产业格局的特点来制定相应的战略**。如果是动荡型产业，企业需要将外延式增长作为自身的战略重点，快速拓展空白区域、空白渠道，实现市场布局，营造品牌声势，有效抢占市场份额。颐海国际和天味食品就是如此，在火锅调料行业快速扩容的时期，迅速增加经销商数量，2020年均超过3000家，快速覆盖全国市场。如果是培育型产业，企业就需要注重消费引导，聚焦打造样板市场，培养核心用户群体，不能盲目扩张，要稳扎稳打，步步为营。如果是分散型行业，企业就要立足核心逐步拓展，建立自己的根据地，在核心品类、渠道、区域上构建竞争优势，立足优势进行市场渗透，兼顾规模与利润。如果是稳定型和固化型行业，则要注重和领导品牌实施差异化竞争，拓展细分市场，在局部市场建立竞争优势，注重利润而非规模。

需要强调的是，**企业除了要基于自身所处行业正确制定战略，更有必要从产业层面审视自己是否需要更换赛道**。如果当前所处的产业空间有限，而且业绩持续停滞不前，就有必要进入更有发展前景的产业边界，这就涉及重构市场边界的重大战略问题。

不夸张地说，**决定企业命运的就是产业格局的变化，只有从产业角度出发才能真正把握战略的正确性**。企业在战略上所做的选择，首先要从产业角度进行选择，这个选择错了，后面的一系列选择无论正确与否都是错！不要小看这个选择，这是最考验企业战略水平的，赛道选择错误，跑再快又有什么意义呢？赛道选择正确，可以让企业构建最有利的竞争格局，最好的竞争就是规避竞争。现实中，一些企业的管理水平并不高，专业化程度也不高，就是因为选择了正确的赛道，短时间内就取得了业绩的突破性增长，这才是战略的价值所在！

当然，**对企业真正具有挑战的，并不是偶然性地选对赛道，而是要通过对产业的系统分析，动态把握产业的发展格局，从而持续性地让企业走在正确的赛道上**。

需要强调的是，企业对产业格局的选择并不是固化的，而是动态变化的。一方面把握产业发展格局，是为了顺应产业发展规律，为企业制定合适的战略；另一方面企业可以通过核心价值创新来打破原有产业格局，改变产业发展进程。就像酱油行业，在普通的老抽、生抽成为主流的时候，千禾味业推出"零添加"酱油，通过独特的核心价值定位改变了行业格局，将酱油行业的主流价位带拉动到10元/500ml以上，同时使自己在中高端酱油市场建立了竞争优势！从企业实际经营来看，第一种状况具有普遍的可能性，而第二种状况有赖于企业家的创新精神，能够做到的概率不高，但也不排除这种可能。对于企业而言，首先确保做到第一种局面，顺势而为，然后再通过创新主动把握产业格局，确保企业始终处于最佳市场地位。

六、调味品企业战略破局三要素

调味品不是一个靠战术制胜的行业！

在调味品行业中，企业想要通过战术来赢得竞争优势，唯一的途径就是依靠系统运营，这也是不少企业强调提升团队执行力的原因。但是**运营并不能为企业创造独特的差异化竞争优势，只能带来效率优势**。整个行业的游戏规则被头部企业掌控，如果仅仅依靠运营，后进企业基本上无法实现对头部企业的超越！

对头部企业而言，其在多个方面都具有竞争优势，诸如成本优势、品牌优势、研发优势、渠道优势、资源优势、组织优势等。而后进企业呢？生产规模偏小导致成本偏高，产品同质化导致缺乏品牌溢价，技术实力不足导致产品缺乏创新，企业话语权不足导致渠道管控薄弱，资源缺乏导致核心能力提升缓慢，组织职能薄弱导致执行力低下！如此种种劣势，靠着常规化的战术动作，究竟何时才能实现业绩的突破呢？

大多数企业从0到1相对较容易，做到几千万元到一两亿元的规模，这很容易理解，中国市场大，消费需求多样化，市场空白多，头部企业渗透率不够深，这些因素足以给后进企业留出发展空间。

但是，后进企业要从1再到2、3、4、5就不是那么容易了，此时企业的营业规模增大、产品数量增多、覆盖区域增加、进入渠道增加，业绩增长不再是通过填补头部企业留出的空白，而是要通过和其他企业竞争才能争取到更多的市场份额。如果在竞争中没有优势，企业的发展就会受阻，甚至会因为竞争使业绩下滑。

这种局面是我们在行业中常见的，很多企业在发展初期营业规模增长较快，一旦到了几千万元或上亿元的规模，增长速度就出现停滞，甚至不少企业长期都停步不前。从市场一线的表现来看，这些企业年年都在努力，增加产能、提升品质、推出新品、增加新客户、拓展新渠道、开展促销推广、培训营销团队、强化执行力等，但结果呢？业绩增长始终不理想，无论怎么努力还是发展缓慢！

这就值得企业深思了！说明问题不在努力本身，而是出在企业的经营方法上。

在笔者看来，**如果只是停留在战术层面的努力上，企业再怎样努力都不会带来太大的业绩增长**！做同样的事情，你在努力，竞争对手也在努力，尤其是头部企业，由于其本身具有竞争优势，延续这种优势，其产生的价值要远远大于那些缺乏优势的后进企业。大家都在增长，头部企业的增长会更快，会挤压后进企业的市场份额。

试想，在酱油行业中，后进企业如何才能在和海天、厨邦、李锦记、欣和、东古、味事达、千禾等头部品牌的竞争中胜出呢？在鸡精行业中，如何与太太乐、家乐、大桥、莎麦等品牌竞争呢？几乎在所有的调味品行业中都存在这种挑战！后进企业要如何做才能实现弯道超车？头部企业如何做才能不断突破发展的天花板？

这些问题在战术层面是无法得到答案的！如果可以，每年业绩大幅增长的企业早就一抓一大把了！俗话说："一将无能，累死三军。""无能"在哪里？就是在战略。"累"在哪里？就是在战术！没有战略的高度，就算在战术上打了胜仗，最终的结果也只是失败！

解决这些问题只能从战略层面入手，只有战略才能使企业打破传统的游戏规则，通过核心经营要素的重构来实现突破性成长！

调味品企业要实现战略破局，就必须从三个核心要素入手，其他要素只是这三大核心要素的延展。

（一）重构市场边界

用时下流行的词来说，重构市场边界就是选赛道！

企业要实现战略破局，首要的事情就是重构市场边界，这就涉及对产业结构的深刻洞察。 重构市场边界的意义，是要确保企业始终处于正确的行业，可以顺应产业自身的特性来实现企业的快速发展。战略要帮助企业解决的重大问题就是顺势而为，必须在产业结构框架之下谋划企业战略。

在判断产业结构处于何种态势之时，已经包含市场容量、增长速度、发展阶段、市场集中度、购买方态势、供应方态势、替代者态势及新进入者态势等要素的分析，只要企业能够将这些因素分析透彻，便可以清晰地洞察产业发展状态，也就明了自己的主战场应该处于哪个产业。

确定产业边界之后，企业还需要进一步通过对用户群体、消费水平、消费特性等因素进行分析，用同样的逻辑定义出存在最佳发展机会的市场边界，这个过程其实就是一个先"中观"、再"微观"的过程，由大而小地为企业圈定出最有利的战略位置，从而跳出原有的市场竞争格局，进入全新的"蓝海"！

在调味品行业中具有一定影响力的知名品牌（如海天、厨邦、李锦记、味事达、欣和、千禾、海底捞、名扬、好人家、草原红太阳、涪陵榨菜、饭扫光、百利、凤球唛等），都在一定程度上或多或少地重构了自身的市场边界，确保了企业基本上都在正确的赛道上发展，取得了持续的业绩增长。

（二）核心价值定位

如何从同质化的竞争环境脱颖而出，如何从产品竞争转向品牌竞争，这就涉及战略破局的第二大要素——核心价值定位。**企业需要围绕核心价值定位来全面统筹整体经营活动**，如果没有这一点，企业将始终在战术层面缓慢发展，有了这一点，企业就有可能实现超常规发展。

企业要实现成功的核心价值定位，必须同时做到三点：核心价值、符合用户认知、独特性，三者缺一不可！

核心价值。这个核心价值必须真实，也就是一定可以为用户带来利益，而非噱头。企业必须将焦点放到核心价值上，是为了从产品导向转为用户导向，仅仅从产品角度出发，是造成目前行业中同质化现象严重的根源，只有从用户角度出发，才能从根本上创造价值。要做到这一点，需要企业构建用途化的产品研发体系，始终将关注点放在如何帮助用户完成最紧要的任务。这个任务可能是某种用途，也可能是某种场景，还可能是某种方式，但无论是哪一种，最终都指向帮助用户带来价值。这需要企业改变原有的思维模式，用全新的逻辑来思考产品。需要注意的是，这个核心价值必须具有足够的市场空间，不能过于狭窄，能够在3~5年成长为主流市场，这对企业具有实际意义。

符合用户认知。企业核心价值在商业上成立还有一个前提条件，就是要符合用户的心智认知，这个认知直接关系到这个核心价值能否有效进入其用户心里。如果用户对这个核心价值没有认知，那么这个战略在实施上就有很大的挑战，需要企业投入大量的资源进行教育，这会延迟整个战略进度。如果用户对这个核心价值已经有一定的认知，那么企业可以顺着这个认知进行消费引导，自然而然地占据消费者心智，推动战略有效落地。千禾酱油在推出零添加酱油的时候，就利用了用户对味精反感的认知，将零添加与味精相关联，从而顺利使用户接受了零添加酱油，这个成功经验值得借鉴。

独特性。在创造核心价值的时候，企业必须考虑这个核心价值在市场上是否具有独特性，或者这个独特性是否已经被竞争对手占据。对某个企业而言，一个核心价值能否真正有效，必须要看其与竞争对手之间有没有独特性。如果没有，意味着这个核心价值可能被竞争对手占据，那么企业的战略就会存在重大问题。要衡量这个核心价值是否具有独特性，一是要看竞争对手有没有创造出这个核心价值；二是要看其有没有占据用户心智；三是要看其用户群体是否足够大。如果竞争对手同时做到了这三点，就意味着这个核心价值已经无法占据，三点之中只要有一点没有得到满足，这个核心价值就有很大的机会可以实现。

（三）商业模式重构

这是战略破局的第三大要素，直接关系到企业创造出来的价值能否有效传递给用户。商业模式的核心就是企业经营的价值链，不同的价值链组合会构成不同的商业模式。**商业模式重构意味着对经营价值链进行重新组合，形成全新的商业模式，从而打破原来的竞争格局。**

蓝海战略是怎样开创出来的？就是围绕企业经营的价值链，围绕产业边界及核心价值定位，对各个环节进行"加减乘除"，自然形成了全新的商业模式，即蓝海。

加：对某些现有价值链环节提高影响；减：对某些现有价值链环节降低影响；乘：在现有价值链中增加某些环节；除：在现有价值链中减少某些环节。这就是商业模式重构的具体方法。

调味品行业较为传统，在商业模式上无法像互联网或高科技行业那样做到颠覆性的重构，但仍然可以做到一定的创新。调味品行业在商业模式上的创新，更多体现在价值链的"加"与"减"上，也就是在某些环节提高影响，在某些环节降低影响。其中有一个关键点，就是在提高对某个环节的影响时，必须要做到聚焦这一点的"饱和攻击"，这样才能在短时间内对这个环节施加强有力的影响，营造出一种"不均衡"状态，破除原有"连续性"的均衡状态，从而在竞争中脱颖而出。

当然，调味品企业也有可能针对价值链环节进行"乘"和"除"的重构，从而形成颠覆性的商业模式。比如虎邦和佐大狮，这两家新兴企业和传统的调味品企业在商业模式上有很大的不同，除了市场边界和核心价值定位，还体现在商业模式上。

虎邦和佐大狮在市场拓展初期，对调味品行业的传统价值链环节进行了改造，增加了"小包装产品""外卖商户拓展""平台服务商"等全新环节，减少了行业原有的"客户招商""流通渠道铺货""线下终端促销"等环节，从而开创全新的商业模式，在竞争激烈的辣酱市场打开了一片天地。

七、从细分战术到边界战略

大家都听说过"细分"这个词，比如"细分市场""细分人群""细分需求"等，那么细分的含义是什么呢？

所谓细分，就是把顾客群体或与其相关的因素按照不同的标准划分出若干部分，比如把消费群体按照性别、年龄、收入等标准可以细分为多个不同的群体，或者把消费需求按照口味、用途、场景等标准细分出鲜味、辣味、上色、佐餐、烹饪、厨房、就餐、外出等多种不同需求，抑或把区域按照群体、收入、层级等标准细分出城市、农村、发达区域、欠发达区域、一二线城市、三四线城市等多个不同的区域。

之所以要进行细分，最本质的原因就是企业无法满足所有顾客群体的所有需求。

从企业内部来说，资源有限、能力有限，不可能制造出一种产品满足所有人的所有需求，也不可能针对所有人的所有需求生产不同的产品；从企业外部来说，存在众多的竞争对手，他们都在抢夺同样的顾客群体，也在全力满足他们的不同需求，企业不可能在所有方面都比竞争对手做得好，而消费者的心中也容纳不了那么多产品，他们只会在不同的领域选择有限的产品和品牌。

若是哪个企业充满雄心壮志地想去满足所有顾客的所有需求，这绝对是天方夜谭，即便在当年的短缺经济时代，企业也只能在某种需求上满足大部分消费者的需求，在如今物质极大丰富的买方时代，企业能做到的只能是满足部分顾客的部分需求了。细分就是这样而产生的，这是一个必然规律。

懂得细分，可以很好地为企业挖掘更有利的市场机会，并在竞争中获得差异化的优势。

从酱油行业的发展历程看，最早每个企业生产销售的都是统一的"酱油"，后来单一的酱油已经无法满足消费者的不同需求了，就逐渐细分，出现了老抽和生抽，海天在这场细分中拔得头筹；后来又细分出鲜度更高的味极鲜酱油，味事达随之快速崛起；随后再细分出六月鲜、一品鲜、自然鲜等，厨邦、欣和、东古等企业实现了快速发展；其后，用途化细分逐步兴起，李锦记凭借蒸鱼豉油在酱油市场站稳脚跟；又过几年消费者不仅仅追求高鲜了，健康成了一个重要因素，所以"零添加""有机"和"薄盐"酱油开始流行，在这样的细分过程中，千禾从激烈的竞争中脱颖而出……

酱油就是在这样的不断细分中发展壮大，目前以600亿元的市场容量占据调味品行业的首位，未来还将继续细分下去，只有细分，才会出现更多的机会，更多的品牌也会从中实现超越。

细分也是动态变化的，某一阶段看起来已经无法再细分了，但随着时间的变迁，又会出现新的群体和需求，此时细分又会再次发生，机会也因此不断出现出，所以细分决定了机会。

企业千万不要小看细分，细分看起来是在不断分化，但并不意味着市场或机会越来越小，有时候这些细分出来的机会反而会成为新的主流。"小而美"指的就是这种局面，"小"是细分群体，而"美"则是大市场。由此看来，细分确实是个好东西，有了细分就可以挖掘更多的机会。

不过，好的东西也有缺点，这些缺点制约了细分发挥出更大的作用。

是什么缺点呢？就是细分在应用中被做碎了、做滥了、形式化了。

第一，做碎了。就是细分过度，企业只知道细分，却不管这个细分市场是否具有商业意义。

从理论上讲，细分是一直可以进行下去的，正如庄子所说："一尺之锤，日取其半，万世不竭。"但从现实的角度来看，无限的细分是不具商业意义的，即产生不了回报，得不偿失。细分的商业意义就是每个细分市场必须具备足够的市场容量，这个容量可以让企业有机会从中获得足够的销售规模和利润，以此来支撑企业的持续发展。

比如古龙酱油410ml售价高达998元，这绝对属于奢侈品，也绝对是针对最高端的顶级富豪的细分市场。然而，这个细分市场又有多大的商业价值呢？企业拓展这个细分市场有意义吗？当然，企业如果只是想玩玩，那就是另一种境界了！

第二，做滥了。就是细分不经系统分析地滥用，从表面上看是在做细分市场，但实质上并没有，只是企业为一统江湖换了一种说法，还是想着男女老少一网打尽。

有的企业采用的是单一品牌结构，也说自己是在做细分市场，理由就是分别针对中低端市场和高端市场推出不同的产品，以及针对商超渠道、餐饮渠道和电商渠道推出不同的产品；还有的企业采用多品牌结构，用不同的品牌分别针对不同消费档次的市场，甚至同时拓展家庭、餐饮和工业三大市场，宣称在细分市场。

像这样的细分都是"伪细分"，企业其实都是在运作所有的市场，资源仍然分散，能力照样欠缺，在竞争中始终处于劣势！

第三，形式化。就是细分沦为战术执行的工具，没有站在战略的高度，几乎到了不加思考就"细分"的程度。

有的企业不管三七二十一，动不动就按照一些套路来实施细分，性别细分、年龄细分、收入细分、职业细分、生活方式细分、渠道细分、区域细分等，几乎按照所有的标准细分一遍，没有对行业和消费趋势的洞察，没有对竞争态势的深入思考，也没有对企业自身能力的系统分析，最终还是同时进入多个细分市场，根本没有体现出独特的竞争优势。

细分其实并没有问题，有问题的是看待它的角度和应用它的层面，如果只是将其作为一种可以套路化的战术工具，那么细分对企业而言只不过是一种安慰；如果要真正发挥出细分的价值，就必须要将细分从战术上升到战略层面，以此来规划指导企业所有的整体经营活动。

为了区别于战术化的细分，笔者特将战略化的细分重新定义为"边界战略"，以此来重新构建企业的整体经营系统。

所谓**边界战略，就是选择一个最有利于企业构建独特竞争优势的市场范围，并围绕此市场来开展企业的整体经营活动**。这个定义，需要从细分市场入手，但绝不止于细分市场，而是要将碎片化的市场重新定义为一个最具发展潜力的市场边界，成为一个整体战略。然后企业所有的经营要素都要围绕着这个战略来运营，而非细分战术那样同时进入若干个不同的细分市场。

细分战术没有取舍，而边界战略首先要做的就是取舍，细分战术是什么都想做，而边界战略只能选择做一个最核心、最具发展前景的市场。细分战术可以在同一个阶段同时进入家庭、餐饮和工业市场，而边界战略只能选择一个，要么家庭，要么餐饮，要么工业市场。道理很简单，这三个市场具有不同的消费特性和竞争结构，对于企业的资源配置、核心能力都有着截然不同的要求，一个企业怎么能够同时具备多种核心能力呢？如何能够集中资源来进行聚焦竞争呢？

当一个企业在一个阶段确定了边界战略，就意味着其价值链都要与之配套，包括产品研发、产能扩张、供应链建设、新品上市、客户合作、渠道拓展、品牌推广、组织保障、管理体系、资源配置等一整套经营要素，都要围绕着边界战略进行高效对接和整合，其他与战略不相干的细分市场都要抛到一边。鱼与熊掌不可兼得，只有这种具有整体格局的边界战略，才能够真正帮助企业打开市场局面。

边界战略不会担心取舍，经过对多种要素的综合分析，边界战略可以定义出开创性的蓝海市场，或从品类属性创新，或从顾客群体创新，或从用途创新，或从顾客偏好创新，或从融合创新，通过灵活的加减乘除，突破固有思维，转换认知角度，从意想不到的层面定义出最佳的市场空间。

边界战略遵循的是最高战略原则：先胜而后求战，细分战术则是先战而后求胜，一个精准的边界战略已经成功了一半，一个好的细分战术则吉凶未卜！

八、竞争战略的核心逻辑

战略的本质就是在竞争中获得胜利，为了实现这个目标，企业必须作出正确的战略选择。

许多企业都认为战略是虚无缥缈的一件事，与其把心思放在如何制定出有效的战略上，不如踏踏实实把一些基础事情做好。这个观点其实是错误的，但也有其现实中的合理性，原因就是能够正确理解战略并制定战略的企业确实非常少，既然是作不出正确的战略，还不如把事情干好再说！

然而，战略的力量是巨大的，企业要想取得突破性的发展，没有正确的战略是难以实现的。很多事情，从表面上看似乎没有什么特别的，但是对企业产生了巨大的影响——有利的或不利的，骨子里就是战略在发生作用。

比如调味品企业中采用多品类业务的不在少数，但是能够将多个品类都能够运作得很好就很少了，背后的原因就和企业的战略选择有直接的关联，不是谁想经营多品类都可以做好的。

海天是经营多品类非常成功的典范，除了最早的酱油，还在调味酱和蚝油两大品类上都获得了成功，取得了领先的市场地位。更重要的是，海天成功实现了品牌角色的转换，从早期单纯的酱油品类，顺利延伸到整个调味品领域，成了餐饮和家庭调味品消费的综合产品供应商。

能够以单一品牌做到这点的企业很少。当然，这并非是说这些企业经营得不好，而是想表明战略在企业经营过程中的重要性，没有精准的竞争战略规划，海天是无法达到今天的领先地位的！

如何才能够制定出正确的竞争战略？

这里存在三个核心思考逻辑，企业是不能违背的，否则就不可能制定出正确的战略。

（一）必须顺应趋势

战略绝不是虚的，而是能够给企业带来极大改变的关键行动。一个正确的竞争战略，首先必须要符合行业及消费发展的趋势，绝不能逆势而为；这个顺势最好在当前已经出现了风口，如果能够快速反应抓住这个风口，企业就能实现快速发展。战略的关键在于深刻地洞察，只有洞察了未来的发展趋势，才能在当下作出正确的选择。

看一个行业是不是存在趋势，可以从以下几个因素考虑：

（1）市场容量是否在持续扩大

对于企业来说，正确的战略必须使企业置身于一个具有足够大容量的市场。如果市场容量不够大，那么企业要实现较大规模的增长就很难。现在资本市场对企业未来价值的评估重点，就在于企业选择的"赛道"是否最优，其中最重要的一个标准就是市场容量够不够大。目前处于调味品行业领先地位的知名企业，大多都选择了正确的赛道。比如酱油，在整个调味品行业中是最大的品类，而且十几年来处于持续增长的态势，这些企业顺势而为，付出同样的努力，能够取得比处于其他小行业的企业获得更大的发展。

（2）行业增长速度是否持续处于较高水平

除了市场容量绝对值的大小，增长速度也是衡量赛道好坏的一个重要标准。如果增长速度不快甚至下滑，就意味着这个行业的前景存在问题。比如味精这些年的增长速度很慢，已经度过了其高速成长阶段，那么现在味精行业就不再是一个好的赛道了。近几年，具有较高增长速度的品类主要高鲜酱油、蚝油、零添加酱油、火锅调料及川菜调味料，如果企业能够抓住这几个品类的风口，自然能够取得较快的增长。

以海天酱油为例，2021年以前，其已经具有很大的销售规模，发展也很快，每年的增长率在12%以上，这就意味着每年的增长金额要超过20亿元。能够做到这一点，关键是海天抓住了高鲜酱油的风口，其味极鲜酱油已经成了超过15亿元的大单品。另外，海天蚝油取得了持续快速发展，也是抓住了鲜味市场这个风口，再加上其高性价比的核心价值，实现了快速增长。

海底捞的火锅底料九年来的复合增长率达到了35.8%，其中第三方业务的复合增长率更是高达44.06%，原因也是赶上了火锅调料爆发的风口。当然，这个风口也是由其自身加以推动的，这源于海底捞餐饮业务强大的影响力，推动了包装产品向家庭市场的渗透。

（3）消费者行为是否体现出持续的偏好

一个行业趋势的形成，必须要有消费行为的强有力支撑。比如高鲜酱油的行业趋势，其趋势基础就是消费者对鲜味需求和复合化产品的需求，前者推动酱油鲜度的不断提升，后者则推动高鲜酱油不断替代味精和鸡精市场，这就是高鲜酱油近几年快速增长的客观原因。还有火锅调料的快速发展，源于消费者对火锅的消费需求日益深化，不仅在于外部社交场景，也希望能够在家里与家人共同享受火锅的美味与氛围。

（二）必须符合认知

认知是关系到竞争战略的第二个关键因素，也是非常容易被企业忽视的关键因素。笔者经常阐述的一个观点就是不要教育消费者。一个正确的竞争战略，只有在符合消费者认知的基础上才能够成立，否则只是企业一厢情愿。

比如某些味精企业想要改变当前销售不利的态势，瞄准了消费者对高鲜度的需求，想通过推出鲜度加倍的产品来推进市场升级，比如倍鲜味精、鲜味宝等。但实际上这个战略是无效的，原因就是与消费者的认知发生了矛盾，在消费者普遍认为味精不健康的局面下，企业非要逆势去说服消费者味精是健康的，这从战略上讲是一件非常危险的事情，毕竟企业所做的是商业行为，而不是向消费者做科普教育。

企业向消费者进行品牌传播，也离不开宣传推广，但是这并不意味着要和消费者的固有认知作对！

（三）必须形成区隔

战略是因为竞争产生的，所以一个正确的战略是无法忽略竞争对手的。所以，企业除了要思考前两项关键因素，还要将竞争对手的行为一并考虑进来。

营销的本质在于满足甚至创造顾客需求，这是从理论的角度讲的，但是现实中并不存在只有一家企业来干的业务。所以，即便行业发展趋势很大，也符合消费者的现有认知，但是如果竞争对手已经抢先进入，而且比你干得好，是否要进入这个市场，企业需要慎重考虑。

战略的意义在于帮助企业获得独特的竞争优势，才可以做到"先胜而后求战"。如果对竞争对手的行动不管不顾，就有可能陷入"先战而后求胜"的不利局面，杀敌一千自伤八百，这绝不是一个好的战略。

2022年，源于一个突发性的"添加剂双标事件"激发了调味品行业推出"零添加"产品的热潮，但是真正能够通过"零添加"来实现独特心智站位的，仍然只有千禾！其他品牌推出的"零添加"产品，都将会在整个调味品行业的"零添加"热潮中失去独特性！

所以，一个正确的竞争战略必须与竞争对手形成明显的区隔，要突出自身的鲜明特色与优势。也就是说，企业必须制定出既符合行业趋势及消费认知，又具有自身优势的战略，才能真正有效地指导企业的经营行动。

企业必须基于上述三项关键因素，对各种信息和数据进行反复分析，务必使战略同时符合这三项标准，有一项不符合，企业都要对战略进行反思和调整，绝不能让一个存在缺陷的战略来指导企业经营。

九、不同生命周期的竞争战略

一个好的竞争战略要将企业自身与外部环境融为一体。因此，无论是一个产品还是一家企业，在市场发展的不同生命周期里，都应该有相应的竞争战略来指导经营。

企业在考虑竞争战略时，应该从如下几点要素来综合考虑：市场边界、业务组合、增长路径、成本/差异化结构。用一句话来表述就是：**企业的竞争主战场在哪里，运用什么业务组合来拓展市场，通过什么方式来实现增长，并且在成本或差异化上构建什么优势**。把这几个方面的问题搞清楚，竞争战略自然就浮出水面。因此，企业首先应该判断自己处于哪一个生命周期，然后再综合四个要素来确定相应的竞争战略。

（一）导入期的竞争战略

要确定处于哪一个生命周期，需要从市场容量、增长速度、品类渗透率、企业数量及规模、市场集中度等方面进行综合评判。

市场导入期具有这样的特点：市场容量不大，增长速度较为缓慢，品类渗透率低，消费者对品类的认知很少，参与竞争的企业数量少，营业规模较小，市场集中度偏向中等，企业之间的差距还没有拉开。

那么在这个阶段，企业的竞争战略应该如何确定呢？

第一，看市场边界。由于导入期的市场容量不大，因此企业对市场边界的定义不宜过小，一定要抓住市场主流。比如蚝油前几年就处于导入期，其定义的市场边界就是鲜味市场，这就是蚝油品类最核心的价值所在，此时企业必须抓住这个核心价值进行拓展，不宜避开这个核心从侧翼发展。

第二，看业务组合。导入期消费者对品类还缺乏足够的认知，那么企业的重点就应该着力推动整个品类去占据消费者心智，要突出品类的核心价值定位，而非将品类的产品组合得过多过散。比如将蚝油搞出太多系列，此时消费者连这个品类都没有足够的认知，又怎么会接受这么多的系列化产品呢？

第三，看增长路径。通常企业面临两种增长路径，即外延式增长和内生式增长，在导入期企业应更偏重外延式增长，这样容易在较短的时间内形成一定的销售规模。当然，在整体偏向外延式增长的时候，企业在局部核心市场也需要采用内生式增长的路径，其主要目的是打造战略根据地市场，形成示范效应来推动外延式增长的顺利实施。

第四，看成本/差异化结构。导入期由于参与竞争的企业数量和规模都不大，再加上品类的认知和渗透率偏低，此时企业不应将竞争焦点放在差异化上，而是应该放在相同核心价值定位的成本优势上，提升毛利空间，或给予渠道更多的利润空间，或针对消费者实施更有声势的推广，从而获得竞争优势。

（二）成长前期的竞争战略

市场在度过导入期之后就进入了成长期，在这个阶段根据程度的不同，还可以划分为成长前期和后期，这种划分有助于企业针对性地实施竞争。

市场的成长前期具有如下特点：市场容量开始扩大，增长速度逐渐加快，品类渗透率不断提高，参与竞争的企业数量逐步增多，领先企业的销售规模也实现了持续放量，市场集中度则逐渐降低。

此时企业的竞争战略又该如何确定呢？

第一，市场边界。此时企业对市场边界的定义和导入期一样，不能发生变动，要坚定地在既定的市场边界持续展开竞争，逐步积累竞争优势。

第二，业务组合。此时企业的品类结构也不能进行变动，仍然要立足核心品类强化对消费者心智的占据，争取加大对消费者渗透率的同时享受行业发展的红利。

第三，增长路径。企业在成长前期应该进一步强化外延式增长，如进入更多的区域、开发更多的客户、拓展更多的渠道，力求在尽量短的时间内随着行业的快速成长而快速提高销售规模。同时需要进一步实施点状式内生增长，巩固战略根据地市场的竞争优势，并加强对根据地市场的打造，以点带面地支持外延式增长。

第四，成本/差异化结构。此时企业不要将重点放到差异化上，还要巩固综合运营的成本优势，确保有充分的资源投入市场，以跟上外延式增长的步伐。

（三）成长后期的竞争战略

市场的成长后期的特点：市场容量迅速扩容放量，增长速度持续提高，品类渗透率也大幅提升。消费者已经基本实现对品类的充分认知，参与竞争的企业数量爆发式增长，都想参与进来，同时领先企业的销售规模也迅速扩大，市场集中度也处于相对较低的水平。此时企业的竞争战略需要进行相应调整。

第一，市场边界。此时企业对市场边界的定义总体上还是要以现有的为核心，不过需要对现有市场边界进行评估，要判断有没有受到其他潜在市场边界的影响，会不会存在转移或者被替代的风险，要知道变化往往是在势头最好的时候悄悄发生，即便初生力量不足，一旦逐渐积聚，迟早会产生颠覆现在的力量，不可忽视！

第二，业务组合。由于参与竞争的企业大量增加，原有单一的品类结构已不足以应对，此时应该不断深化和分化品类的核心价值，实施细分化和系列化发展，在核心大单品之外构建系列产品的护城河。一方面满足消费者的细分需求，另一方面对竞争对手的蚕食实施狙击。

第三，增长路径。此时企业应该及时将增长模式从外延式增长转向内生式增长，要将市场做深做透，在更多的区域打造核心市场，构建竞争壁垒，形成竞争优势。不过，此阶段企业在区域、渠道、客户等方面实施内生式增长的同时，也会在产品的系列化方面通过外延式增长获得进一步的发展。

第四，成本/差异化结构。此阶段更多的竞争对手会通过各个角度对企业形成围堵之势，原有品类的成本优势会逐渐受到竞品差异化核心价值的冲击，所以此时企业必须转向差异化竞争，通过业务组合的变化来参与竞争，并在此基础上形成新的成本优势。就像海天金标生抽在该品类已经占据领导地位之时，随着味事达味极鲜酱油的推出，高鲜酱油对生抽形成了差异化竞争，因此海天也大力推广味极鲜酱油，并重新在此品类形成了成本优势，从而极大地狙击了竞争对手。

（四）成熟期的竞争战略

市场成熟期具有这样的特点：市场容量达到生命周期的最大化，增长速度开始放缓，从成长阶段的两位数增长下降到个位数，品类渗透率也达到最高水平，参与竞争的企业数量逐渐减少，部分企业因缺乏竞争优势导致亏损而逐渐退出，市场集中度此时达到最高点，领导企业的销售规模稳步提升。

此时企业的竞争战略又该如何确定呢？

第一，市场边界。此时企业应该考虑逐步对现有的市场边界进行重构，尤其在行业出现销量下滑的状况下更要如此。比如目前的老抽品类就处于成熟期，增长速度逐步放缓，正在受到红烧汁及高鲜酱油的冲击，所以以老抽为主的企业就必须对市场边界进行重构，以顺应消费结构的全新变化。

第二，业务组合。一方面企业要巩固现有的业务组合，将品类结构打造得立体完整；另一方面则要随着市场边界的逐步调整而调整，增加新的品类，或者对原有品类进行重新定义，调整核心价值定位，形成全新的品类角色。

第三，增长路径。成熟期的增长路径以内生式增长为核心，企业必须谋求在最广泛的市场范围来获得竞争优势，此时企业之间比拼的就是系统的运营能力和高效的团队执行力，谁能将市场做得最深最透，谁就能牢牢地掌控市场。

第四，成本/差异化结构。成熟期企业的核心在于持续巩固成本优势，这在白热化的竞争中是关键，但此时也容易与竞争对手同时陷入硬碰硬的竞争，因此要不断地挖掘自己的差异化优势，以获得更高的溢价水平。

（五）停滞（衰退）期的竞争战略

市场停滞或衰退期的特点是这样：市场容量出现停滞甚至下滑，增长速度也出现负数，参与竞争的企业数量减少到最低水平，市场集中度维持在最高水平，领导企业的销售规模也出现停滞或者衰退。

那么企业应该如何应对呢？

第一，市场边界。处于停滞（衰退）期的企业必须对原有的市场边界进行重构，这是重生的唯一道路，要果断地转型到新的市场边界，为未来的成长打开市场空间。比如味精，其作为单一调味品的市场边界在家庭消费市场已经非常狭窄了，因此企业必须将现有的市场边界转向工业市场和餐饮市场，在家庭市场维持自然发展就行了。

第二，业务组合。随着企业对市场边界的重构，原有的品类结构也需要进行相应调整。比如味精市场边界重构后，那么单一的味精品类将全部针对工业客户和餐饮用户，而在家庭消费市场，企业就必须将品类调整为复合化的鲜味产品，比如鸡精、鸡粉、高鲜酱油、蚝油等，如此方能适应全新市场边界的需求。

第三，增长路径。在调整市场边界和业务结构之后，企业需要根据新市场边界所处的生命周期，来确定自己相应的增长路径到底是外延式为主还是内生式为主。比如味精企业在原有市场边界需要以内生式增长为主，从现有客户挖掘增长潜力，而在新的市场边界（比如高鲜酱油和蚝油）则要兼顾外延式增长及内生式增长。

第四，成本/差异化结构。在调整市场边界之后，企业将偏向以差异化的竞争结构为主，成本优势主要存在原有的市场边界，但是在全新的市场边界，企业更多通过差异化的核心价值来构建竞争优势，在达到领先的地位后方可再形成成本竞争优势。

十、基于优势竞争

某企业开销售会议，各区域销售人员都回公司述职，最后总结下来，问题集中在以下三个方面：竞争对手又推出了几个新品，对我们影响很大；竞品的渠道政策力度比我们大，商家都支持他们；竞品又在卖场搞特价了，影响了我们的销售。说来说去，就是一句话：竞品造成了我们的业绩下滑！最后营销总经理听不下去了，一拍桌子："怎么你们老是在提竞争对手啊，怎么没听见分析顾客的需求是什么呢？"

是的，这就是中国企业的现状，把竞争对手看得比什么都重要，至于顾客需求，一时半会儿也说不清，就算搞清了也没用，竞争对手一来就麻烦了，还是盯着竞品实在些，只要把对手打下去，市场不就是我们了吗？

营销学理论强调的核心是满足顾客需求，不少专家教授及创业高手都在强调要洞察顾客需求，而不要一味地盯着竞争对手。话是这么说，不过从实际状况来看，能够将这个原则奉为圭臬的企业可谓少之又少。原因很简单，顾客需求是静态的，竞争对手却是动态的，谁会让你从从容容地满足顾客需求啊？只有你会满足吗？他也会满足啊！更重要的是，竞争对手往往满足得比你还好，比你还要到位，你说敌人都打到家门口了，你还不反击？

所以，理论是一回事儿，实践又是另一回事儿。满足顾客需求是必须的，这是大前提，如果不能满足顾客需求，连和竞争对手过招的资格都没有。在满足顾客需求的前提下，企业必须同时要有效应对竞争对手的攻击。只有在既满足顾客需求，又打败竞争对手的情况下，才可以在市场上获得领先地位。

这个道理和太极一样，我们常看到太极高手在给弟子喂招时，稍微抬一下手，弟子就噔噔噔退出好几步，或者让弟子进攻，弟子刚摆出一个动作，师父马上快速出招把弟子放倒。再听高手讲解技击原理，听起来确实是那么回事儿，但为什么一到实际的搏击过程中就完全走样了呢？

现在的武术技击都是在"静态"环境中教授的，而真正的实战都是"动态"的，谁会站在那里等着挨打，也不可能按照你的路数摆着架势被你打！

在静态的时候洞察顾客需求是可以的，但是到了激烈的竞争环境，对手可不管你是怎么洞察的。比如味极鲜酱油是味事达首先推出的，准确洞察了消费需求，开创了全新的高鲜酱油品类，但是现在的领导者不是味事达，而是海天。同样，蚝油也是李锦记开创的品类，也是准确洞察了消费需求，但如今的领导者依然是海天！这要怎么理解呢？可见，洞察需求只是赢得顾客的必要条件，但并不充分，只有同时将竞争的要素考虑进来，才算具备了胜利的充要条件。

不少企业都认为将产品做到极致是最重要的，这也是个典型的"静态思维"。就算你的产品是最好的，但是我用更多的费用投入进行传播推广，告诉消费者我才是最好的，你又怎么办呢？或者我的渠道网络比你的强大，我可以在一个月的时间内让产品布满大半个中国市场，而你不能，消费者根本无法接触到你的产品，又怎样让消费者相信你的产品是最好的呢？所以，好产品绝不是在静态环境中产生的，那些坐在家中幻想着产品能够大卖的想法只不过是空想罢了！

回到竞争上，企业又该如何有效应对竞争呢？

从现状来看，企业之间的竞争大体上存在三种主要的模式：肉搏型、讨巧型、霸道型。

肉搏型竞争所处的环境都是同质化严重，李鬼满天飞，一不留神看起来都长得一个样，这时顾不上什么风度不风度，撸袖子甩膀子上吧，大家都是半斤八两，打到最后"杀敌一千，自伤八百"，成效不太好，损失也很多，有点伤元气，要想有大的发展比较难。

讨巧型竞争多适用于实力较弱的企业，人力物力财力都不足，那就不要大开大合地硬拼，还是采用小巧的近身贴打功夫，抽空戳一下、踹一脚扭身就跑，占点便宜就是成功，至于以后能否发大财就看机会了，正常情况下是小步慢走。

霸道型竞争主要都是实力强大的领导型企业干的事，一个巨人的竞争策略是什么？答案是没有策略，想干什么干什么，打哪儿指哪儿，简单粗暴，只要瞧不顺眼，对不起，价格战、渠道战、品牌战、人海战，想怎么来就怎么来，我有的是钱和力气！只要不出现方向上的错误，将会在较长的时间内占据市场领先地位。

竞争是无法回避的，你不惹人，人会惹你，害人之心不可有，防人之心不可无，随时都要做好应对竞争的准备。由此，企业的战略就不能只是针对消费需求的占位，更要在竞争中谋取领先的优势，所以全球战略大师迈克尔·波特的战略三部曲都是冠以"竞争"字样：《竞争战略》《竞争优势》《国家竞争优势》。若是离开了竞争，将无战略可言！

那么，什么才是一个好的竞争战略呢？以前常常听人说，竞争是为了取得优势，而我要说，应该是利用优势展开竞争。

竞争的目的是什么？赢得领先地位，无论是规模、市场份额还是利润。最有效的战略之道，就是基于优势竞争，这样才能大幅提高企业竞争的胜率。若非如此，你都没有什么优势，还去争什么呢？

有人问，怎样才能轻松赚到100万元？答案是：首先你要拥有一亿元，就能很轻松地赚到100万元！这不是开玩笑，是在竞争中必赢的核心思想和原则。全世界最好的竞争战略就在《孙子兵法》中，最高境界的竞争战略就是"上兵伐谋"，最好是不用打，像燕人张翼德站在桥头大喊一声那样，对手就乖乖退却，这才是顶级的竞争战略！《孙子兵法》中写道："故善战者，立于不败之地，而不失敌之败也。是故，胜兵先胜而后求战，败兵先战而后求胜。"现在的企业，大部分都是"先战而后求胜"，所以面临的境况都不好，费心费力费钱不说，关键是收益不大，基本上都是陪着对手玩！

在开展竞争之前，企业必须事先构筑自己的核心能力，这是形成优势的"发动机"。如何构建呢？波特大师在《竞争优势》一书中已经给出了经典的方法——价值链，其涵盖了企业经营的核心活动，包括采购、生产、研发、营销、销售、服务等，以及支撑整个价值链的管理系统，包括组织体系、财务体系、人力资源、物流体系等。

企业将自身的经营链完整地提炼出来，然后与整个行业的价值链和主要竞争对手的价值链进行对标，了解差异之处到底在哪里，再结合战略方向进行重构，以此来获得优势。那么重构的具体方法是什么呢？针对价值链进行"加减乘除"，重构原有的运营体系，实现商业模式的创新，由此形成具有独特优势的核心能力。当然，除了对价值链的重构，还需要针对性地对支撑体系进行强化，从资源配置和经验诀窍上为全新的价值链提供充分的保障。

战略方向既明、规划既定、优势既成，则竞争可行也，胜局必定也！

十一、战略VS节奏

大家的产品都差不多，为什么有的企业能够取得快速成长呢？从表面上看，这些领先企业的所作所为并没有新奇特，不就是推新品、打广告、招商、铺货、陈列、推广，我也会做，但为什么成效不大呢？笔者多年来服务企业的经历表明，这些战术性的动作是企业市场拓展必不可少的环节，但却不是推动企业形成竞争优势的核心。企业经营最本质的关键因素就在于两个词：战略、节奏。谁能够真正理解这两个词四个字的内涵，即便是常规的战术动作也能够呈现出良好的业绩！

（一）战略定优势

影响企业经营业绩的，首当其冲就是战略。

战略并不是大家通常所想是"虚"的东西，一些企业常常召开所谓的"战略务虚会"，实际上是对战略很大的误解。战略是很"实"的，企业所有的经营动作，都要在战略的指导下开展，怎么会是"虚"的呢？为什么还有很多企业认为战略是很虚的东西呢？其实，是他们都误解了战略。

经常听到这样一句话："知易行难。"但可惜，这句话并不对！"知"与"行"一定是合一的，这是阳明先生"知行合一"的正解。也就是说，能够"行"才算得上是"知"，如果不能"行"，说明还是"不知"，世人大都误解阳明先生的思想了。

同理，战略一定也是"知行合一"的，它不是一个词，不是一句话，也不是一份规划，而是一个融方向、目标、规划、方案、组织、资源等为一身的综合体。唯如此，方可说企业真的有了一个战略！

何为战略？**战略就是企业为构建独特竞争优势而作出的一系列选择**，要清晰地回答：我是谁、要到哪里去、怎样去、在哪里竞争、如何制胜。想一想，现实中有多少企业的战略符合这个要求？极少！

从上述对战略的定义中，有两个关键词必须透彻理解：独特竞争优势，一系列选择。

"独特竞争优势"，是战略称其为"战略"的本质所在，如果战略不能帮助企业构建独特的竞争优势，还能称为战略吗？即便在全球战略大师迈克尔·波特所构建的三大通用型战略中——低成本、高价值、差异化，也都是为了要构建独特的竞争优势。

而"一系列选择"，指的是战略体现出的行动方式，就是要在企业经营的各个环节和各个层面，为了构建独特竞争优势而进行的多个选择，这就表明，战略并非像大家通常理解的就是企业高层提出的一些目标和想法，那都算不上是战略。战略不是单一选择，而是对整个企业经营活动的综合选择，涉及业务组合、品类结构、品牌结构、渠道结构、供应链建设、组织体系、资源配置等关键环节。只有综合考虑了诸多因素作出的战略，才能够真正实现"知行合一"。从这个角度来说，战略是"实"的而非"虚"的！

战略的核心是界定企业竞争的战场。不管是品类、区域、渠道还是顾客群体，战略都要为企业框定一个最具增长潜力或盈利空间的市场边界，如此才能引导所有的经营要素都朝着这个方向。

要界定出一个最有利的市场边界，需要企业从消费发展趋势、市场集中度、领导者主力市场、市场总体经营水平等多个因素进行综合分析，才有可能从竞争激烈的市场中开辟出一片有发展前景的"蓝海"。如果将市场边界定义过窄，市场容量不大，那么企业的发展空间就会受限制。

原先涪陵榨菜的市场边界就是"小菜"，消费场景、消费频率和使用量都有限，在近几年涨价增长遭遇天花板之后，将其市场边界重构为"佐餐开胃菜"，增加了泡菜、海带丝、萝卜干、下饭酱等新品类，意图为企业打开更大的发展空间。

而如果将市场边界定义过泛，又容易脱离企业的核心能力，无法构建领先的竞争优势。比如某知名企业将市场边界定义为"餐桌厨房"，从调味品行业进入食用油行业，造成分散资源双线作战，尽管从食用油业务获得了一定的营业额，但是却丢掉了在酱油行业快速发展的大好机会。

随着外部环境的不断变化，企业的市场边界也会受到相应的影响。如果不能顺应时势与时俱进，极有可能逐渐被边缘化而滑出主流市场，这对企业是个极大的威胁。故此，企业必须定期对自身的市场边界进行检视，一旦发现形势出现转变，就要立刻对市场边界进行重构，确保能够始终跟随行业的主流大势而发展。

战略的意义在于"先胜而后战"，大多数企业却是"先战而后争胜"，所以活得非常苦、非常累！如果一场仗本就打不赢，为什么还要打呢？如果要打，必定是能够赢，杀鸡一定要用牛刀，才绝不会失手！如果企业没有挖掘出独特的核心价值，或者没有设计出一套独特的商业模式，干脆不要出手，否则万般滋味只有自己默默吞下！没有战略的企业是看不到出路的，海天味业遥遥领先、持续快跑，厨邦自2006年—2013年连续8年复合增长率24.5%，千禾酱油至今连续11年复合增长率高达31.7%，这些优秀业绩都是战略的作用！无战略，无优势；无战略，无胜势！

（二）节奏识缓急

第二个关系到企业良性发展的关键就是节奏，涉及企业的运营规律。就像一个人从小到大，在确定好未来的发展目标和规划之后，不能一口气吃成个胖子，要一步一步、循序渐进地成长，如果拔苗助长，聪明如仲永，最后也难成大器！

"节奏"两字蕴含了精深的辩证思想，一阴一阳之谓道，当急则急，当缓则缓，当少则少，当多则多，当强则强，当弱则弱，顺势而为，节奏自然而生矣！一个优秀的企业家，必定是一个优秀的节奏大师，就如优秀的足球中场——马拉多纳、普拉蒂尼、巴乔、齐达内、梅西等，其之所以被称作"中场发动机"，就是因为他们能够带领整个球队展开一波又一波有节奏地进攻或防守，从而能够有效地掌控场上局势，最终抓住战机一举战胜对手！

（1）要把握好节奏绝非易事，同样需要综合多种因素加以考虑

要考虑外部机会：比如行业是否到了快速增长的阶段，或者宏观政策是否提供了有利条件，外部机会好，则可加大发展力度，如外部机会差，则不能盲目扩张，需注重基础建设。

要考虑核心能力：比如团队专业化能力是否能够胜任，供应链建设是否完备，能否有效掌控渠道，核心能力是否适用于多个领域，如果核心能力可以匹配，那么就可以大力发展，如果不匹配，那就要看能否在一定的时间内构建核心能力，如果无法解决，也不能盲目发展。

要考虑资源配置：比如现金流是否充足，渠道资源是否完善，人力资源是否足够，如果企业可以充分调动各项资源，就可以加快发展速度；如果资源不够，就要争取在一定时间内加以解决，比如融资、上市、招商、猎头、外聘、合作等，如资源实在无法支持，绝不能勉强行事，一定要量力而行，千万不要过分冒险！

（2）在企业的经营过程中，每个关键环节都需要把握好节奏，才能确保战略的有效落地

战略增长的节奏：有两种增长途径，即外延式增长和内生式增长。究竟采取哪一种，就涉及企业的发展节奏。外延式增长适用于行业快速发展的阶段，同时市场处于导入期，此时发展就不能慢，要紧跟时势快速发展，享受行业发展的红利；而行业或市场到了成长后期和成熟期，就要将重点转向内生式增长，不能再依赖简单粗暴的方式了。两种路径皆有其利弊，全看能否在适当的时候采用。

品类组合的节奏：企业经营的品类通常都是从少到多的，那么品类增

加到一定程度又该怎么办呢？是继续做加法，还是做减法？什么时候做加法，实行产品系列化发展，什么时候做减法，打造战略大单品？如果要增加，应该加到什么程度？加什么产品？先加什么，后加什么？要减，应该减到什么程度？减什么产品？先减什么，后减什么？这一系列问题，都是企业在面对品类组合时必须把握的节奏，一旦发生错乱，必然会阻碍企业的快速增长。

新品上市的节奏：不少企业年年都有新产品上市，是全面铺开、快速推广，还是循序渐进、稳扎稳打，这涉及新品上市的节奏。如果是前者，需要具备的条件就是新品所属行业正快速发展、企业具备市场运作的核心能力而且具备充足的资源，如果不具备，那就只能是后者。新品年年出，成功何年何月来？要想提高新品上市的成功概率，把握节奏是关键。

品牌推广的节奏：现在的传播环境极度碎片化，要想提高品牌推广的成效，自然又涉及节奏问题。是先做终端推广还是媒体传播？是先做线下推广还是线上传播？是先做渠道推广还是消费者推广？是先整体范围全面推广还是局部聚焦推广？这些节奏问题如能很好地解决，品牌推广自然事半功倍。

渠道拓展的节奏：面对这个极其繁杂混沌的商业环境，把握渠道拓展节奏的重要性毋庸置疑。面临那么多渠道，是先拓展流通渠道，还是商超渠道？商超渠道是先拓展国际卖场，还是地方卖场？是先拓展线下渠道，还是线上渠道？是先由企业自己直营，还是通过经销商拓展？是先全面铺货，还是选网点铺货？什么时候应该注重铺货率，什么时候应该注重单店销量？这些问题都直接关系到企业渠道拓展的成效。

区域拓展的节奏：是先拓展局部区域，还是面对全国市场同时拓展？是先拓展经济发达区域，还是经济不发达区域？是先拓展一二线市场，还是三四线市场？

　　团队规模的节奏：这属于企业组织及团队建设的领域，同样存在节奏问题。什么时候应该精减组织和团队，什么时候又该扩大？什么时候应该分开设立市场部和销售部？什么时候应该设立产品经理或品牌经理？什么时候应该设立市场督导部门？什么时候又适合设立区域办事处？企业组织及团队建设的节奏应该紧随着战略的要求来实施，不能盲目照搬优秀企业的最佳实践，而是要打造出适合自己的特色。

　　管理体系的节奏：企业在这方面通常较难把握节奏，"刻舟求剑"的现象屡屡可见，发展阶段已经发生很大变化，可企业还是在用老方法进行管理。什么时候应该注重财务结果，什么时候又应该兼顾过程考核？什么时候应该以提成为重，什么时候又应该以底薪为重？什么时候应该突出个人作用，什么时候又该强调团队合作？什么时候应该强调销售规模，什么时候又应该强调费用管控……

　　在整个企业经营的全过程，涉及把握节奏的事项可谓方方面面。我们应该透过繁复的表象洞察本质，核心在于跟随战略和三要素（外部机会、核心能力、资源配置），只要抓住了基本原则，就可以举一反三，把握节奏就有章可循了。

十二、从"两张皮"到"知行合一"

　　企业的战略规划有多个层次，首先我们要看企业到底是有战略还是没战略。如果有，要看是好战略还是坏战略。如果是好战略，再看是实战略还是虚战略。如果是实战略，又要看是快战略还是慢战略。所以，一个真正有效的战略一定是同时符合上述四个标准,这很难。正因为难,谁能够真正透彻地掌握,必定能够在竞争中胜出。

调味品企业在现实中表现出来的"虚战略"太多,也就是"两张皮",说的和做的完全不是一回事儿。

一个有效的战略一定是一个实战略,并不只是一个方向或概念,而是一定可以执行的。如果一个战略难以实施,如何称其为一个有效的战略呢?

有的企业说:"我们的战略没有问题,只是执行力较弱。"这其实是不正确的,无法执行的战略一定是有问题的,一个实战略必定是"知行合一"的,除了方向,还包含如何实施战略,才能避免出现"两张皮"的问题。

假设某调味品企业的战略是"为厨师提供高性价比的系列化鲜味调味料",从方向上来说这个战略不错,明确提出了企业的战略主张,也抓住了市场发展趋势。然而这个战略的实施成效并不理想,问题就在于企业在战略规划中没有提炼出如何实施战略,也就是运营模式。这个战略中的关键词是三个:"厨师""高性价比"和"系列化",如何将这三点体现在战略中,需要从产品、渠道、推广、团队、资源等方面进行综合考虑,然而该企业在这几个方面都有诸多难以匹配之处,导致战略实施"两张皮",自然没有产生应有的成效。

一个有效的实战略必须做到"所见即所想",这个"所见"就是用户(消费者)能够见到的企业所有信息,都应该是企业战略中"所想"的,否则战略就变成了飘浮在空中的概念。如果战略针对的是厨师,那么在商超终端就不应出现同样的产品;如果战略主张是高性价比,那么产品就必须做到高质中价;如果战略要求是鲜味调味料,那么与此不相关的产品就不应出现。

有效的实战略需要同时满足以下三个方面:

（1）商业模式配套吗

战略不是孤立存在的，企业在制定战略时必须自上而下地全面规划，要考虑如何将战略的核心价值主张贯穿始终，这就要设计与战略匹配的商业模式。

现在一些人常常把战略和商业模式分开，但实际上战略与商业模式是无法分离的。"行是知之始，知是行之成"，战略是商业模式的源头，商业模式是战略的路径，没有源头的路径会走偏，而没有路径的源头则会枯竭。

战略的意义在于提出企业的核心价值主张，商业模式的意义则在于将这个核心价值主张有效地传递给最终用户，可以说商业模式与战略就是一体的。战略为"体"，商业模式为"用"，没有两者的结合，就不会有战略的"知行合一"。

一个市场动作，在什么情况下只是一个"战术"，而又在什么情况下就成为一个"战略"呢？比如铺货和陈列，这就是每个销售人员都会做的基础市场动作，是战术还是战略，关键取决于是否与战略主张相关。如果战略方向在餐饮，那么针对餐饮渠道的铺货和陈列就是战略，没有这些动作的实施，就不会有战略的落地。如果战略方向在餐饮，却对商超渠道进行铺货和陈列，这就只是一个战术，只是为了铺货而铺货，为了陈列而陈列，却与战略方向没有什么关系。

所以，商业模式的重要功能，就是要将市场动作与战略方向有机融合，使战略能够通过具体的市场动作予以实施。

商业模式体现的是企业整体价值链的运营过程，包含价值创造、价值传递、价值实现。实际上，战略即是包含在其中的"价值创造"环节，一个成功的商业模式根本就离不开战略。现在不少人都将商业模式理解为"盈利模式"，这是不对的，盈利模式只是其中的"价值实现"环节，并不能代表整个商业模式。还有人说商业模式是利益相关者的交易结构，这也不能反映整个商业模式，只是"价值传递"环节的体现，其中包含企业与供应商、经销商、批发商、零售商及大客户之间的交易结构。所以，要将这些全部整合起来，才能构成一个完整的商业模式，才能有效地将战略落实下去。每一个成功的战略，背后都有一套相匹配的商业模式。

海天成为综合性调味品领导企业的背后，构建的是"规模化布局+大单品打造+密集型分销"的商业模式，即360多万吨产能+5个超15亿元大单品+7000多家经销商和12000家联盟商所覆盖的100万家零售终端。太太乐成为鲜味调味料领导企业的背后，构建的是"品类创新+复合渠道运营+核心城市聚焦拓展"的商业模式，即开创鸡精品类+餐饮商超渠道双轮驱动+168个百万人口级城市重点拓展。

正是有了商业模式的匹配，战略才真正产生了巨大的成效。笔者曾经帮助某调味品企业构建了与战略匹配的商业模式，即系列化品类组合+专业化餐饮运营+多渠道运营+稳定价格体系+帮扶经销商发展+区域聚焦联动+持续的品牌推广，扭转了该企业传统粗放式的商业模式，调整为以品牌运营和管理驱动的商业模式，从而确保了战略的有效落地。

（2）管理体系有保障吗

能否得到规范化管理体系的保障，是战略成功的第二个关键要素。

商业模式是实现战略的路径，但是这个路径能自动地通往战略吗？不会，战略和商业模式都是纸面上的东西，真正落地必须靠人来执行。那么，是什么来驱动人呢？管理体系。一些企业以为战略制定出来就万事大吉了，这仅仅是开始，如果没有构建起整个组织或团队的发动机，这些战略最终不过是存放在电脑里的一堆文件而已！

管理体系是真正驱动战略得以实施的发动机，包含组织体系、流程体系、激励体系和制度体系，这些体系环环相扣、相互作用，推动着战略的一步步执行。

组织体系决定着由谁来有效地实施战略，不同的部门、岗位及人员，都承载着战略实施过程中的相关职能。换句话说，战略的有效执行，必须要将涉及的相关事项转化为整个组织中不同部门和岗位的职能，再据此配置具有相关技能的人员，这样才能使战略通过整个组织运转起来。所以，战略的实施必须同时伴随着组织体系的调整，现在一些企业或专业公司将组织体系当成是人力资源领域的事情，这肯定是有问题的，组织体系一定是战略领域的事，组织必须跟着战略的变化而调整，而不是单纯地为组织而组织，那是没有意义的。

流程体系是一个组织能否高效运转的机制，组织体系中本身存在的是垂直的命令关系，笔者称其为"命令链"，反映的是不同组织层级之间的职权管辖关系，是构成一个组织的基础。但是这个基础对于组织的运转是必要的，却并不充分，如果单纯依靠组织的命令链，很容易导致僵化，因为都要依靠人员一级一级地发布命令才能令组织运转。要打破这种组织的局限，就必须引入流程体系，命令链是垂直的，而流程链是水平的，是跨越各部门和岗位的，通过流程体系的构建，能够将关系到战略实施的若干重要事项串联起来，比如新品研发、产品上市、客户合作、渠道拓展、品牌推广等，这些与战略执行密切相关的关键活动能够得到跨部门的有效协作，才能推动战略的落地。

前两者与组织的结构与运转机制有关，而激励体系直接与人有关，任何组织的高效运转离开人都不行，人才是最根本的要素。现在许多企业都为人才缺乏而苦恼,在这种状况下,战略又如何能够得到有效的实施呢?对于企业家来说,你对待人才的格局有多高,企业发展的格局就有多高,如果你不能充分激发团队的能力,又如何能够实现战略的价值呢?激励体系是企业团队的风向标,是最具实际意义的,不管企业怎样说,最终体现出来的还是激励体系。所以,激励体系能不能与战略相匹配,更是直接关系到战略的落地与否。激励体系包含两个部分:一是薪酬体系,反映的是岗位本身的价值;二是绩效体系,反映的是团队努力付出后所得的回报。前者要和人才的薪资市场行情接轨,后者则要与战略目标及关键活动挂钩,企业只有将这两者与战略密切地结合,方能有效引导团队的行为。

制度体系也和战略的执行有关系。制度体系是对团队行为的整体性约束,而这种约束也需要与战略相匹配,不能为了规范而规范。如果战略要求企业以外延式发展为主,快速拓展新区域和新客户,通过规模提升业绩,那么此阶段对于制度体系的建设就不需要非常规范,能把握住基础环节就行了。如果战略要求企业以内生式发展为主,对主要市场进行精耕细作,强调市场基础建设和过程管控,就要制定较为规范的制度体系,对销售人员的行为进行约束和引导。

(3)资源配置充分吗

战略的第三个关键要素是资源配置,主要包括资金性资源和非资金性资源。资金性资源就是现金,非资金性资源包括人力资源、专利资源或者供应链资源等,这里有些资源不是用钱就能够解决的。

企业在制定战略时,必须同时考虑所有相关资源能否有效配置充分,如果自身缺乏资源,那么能否整合外部资源,比如引进资本、上市、并购、猎头、外包、合作等。当各种资源都具备时,这个战略就是可以执行的实战略,一旦不具备,就需要对战略进行调整,否则就是自娱自乐的虚战略。

　　除了资源的绝对量，还有对资源的分配是否能满足战略的要求，这方面更加考验企业对战略的理解。比如战略要求对市场进行精耕细作，需要企业拿出足够的资源进行投入，但此时若企业还是采取"进货折扣"的销售政策与经销商合作，那就麻烦了，这意味着企业将大部分资源都给了经销商，企业已经没有多少资源了，进行精耕细作根本不可能，这就导致战略变虚了，根本无法有效落地。如果战略要求企业以商超渠道为主，就需要投入足够的市场费用（包括条码费、陈列费、促消费、导购人员工资等）。如果战略要求企业与大商进行合作，就需要投入必要的资源进行扶持，否则大商也不会尽心尽力。

　　在这一点上，千禾味业做得很好，其在华东市场选择与大商荣进实业进行合作，投入了相当多的资源给予支持，费用率高达50%，由此充分激发了荣进实业的热情，用6年时间将千禾销售额从200多万元提升到超过8000万元（按出厂价计），效果惊人，这种资源投入确保其战略的成功实施。

第二章

理念与认知

一、认知与能力是企业的真正边界

问一个问题："一个企业能发展到多大规模取决于什么？"答案可能有多种，比如产品的市场空间有多大，品牌的影响力有多大，经营的业务有多少，拓展的渠道有多少，进入的区域有多大，建设的生产规模有多大，等等。

这些回答不能说错，但不是本质。正确的答案用比较抽象的话来回答，就是认知+能力。一个企业能发展到多大规模，取决于企业的认知边界和能力边界有多大，二者共同作用最终形成的就是企业的发展边界。

（一）认知边界

以前有一句很流行的广告语："心有多大，舞台就有多大！"认知边界的意思和这句话差不多。

认知就是一个企业的主观认识，决定你想做什么，不想做什么，有什么样的认知，就会产生什么样的行动。

比如老干妈陶华碧就近乎"一根筋"地认为资本不是个好东西，认为"那是骗人家钱"，在这样的认知之下，老干妈坚持现款交易，而且有多少钱就做多少事，不让别人入股，也不去参股、控股别人，谁来游说都不管用。

有的企业认为销售规模更重要，就会想方设法地扩大产能和销售规模；

有的企业认为挣钱更重要，就会以利润为核心，控制费用投入；有的企业认为经营业务范围必须要专业，就不会轻易拓展其他业务板块；而有的企业认为不能"将鸡蛋放在一个篮子里"，就会实施多元化经营，以寻求更多的增长机会。

我们看到各种各样的企业行为，都是由于认知差异造成的，企业发展的成败好坏，自然是由认知决定的，所以企业之间的竞争，首先就是认知的竞争。大家都在一起拼眼光、拼格局，谁的眼光长远、格局广大，谁就能在竞争中获得优势。所以，胡雪岩说："如果你有一乡的眼光，你可以做一乡的生意；如果你有一县的眼光，你可以做一县的生意；如果你有天下的眼光，你可以做天下的生意。"这全取决于认知的边界！

（1）认知边界与企业家有关

企业的认知边界，实质上是企业家的认知边界。无论是民营企业还是国有企业，本土企业或是外资企业，这个道理都是一样的。

企业家的认知边界有多大，企业的发展边界就有多大。如果企业家的认知边界有局限，自然就会阻碍企业的发展。

因此，对于一个企业家来说，必须要有自知之明，一方面要认识到自己的认知边界决定着企业的发展边界，要不断提升自己的眼界和格局；另一方面要善于吸引人才来弥补自己的认知局限。

（2）认知边界与组织机制有关

企业家的认知边界直接决定企业的发展边界，若要避免将企业命运完全寄托于企业家个人，那就必须在企业内部构建起职责分明、责权清晰的组织体系和运作机制，将企业家的个人认知转换为整个企业组织的认知边界，设定组织中每个岗位的职能及职责权限，还要制定关键业务流程，把涉及企业重大发展的事项都转化到组织的各个岗位，即便是企业家自己都无法随意决策，这样就会大大降低过于依赖企业家个人的风险。

比方说企业老板想要一下子推出若干新产品，若要按照老板的想法，恐怕根本没有市场研究和策略规划，搞套包装、定个价格就把产品直接扔到市场，但若要按照规范化的产品研发和上市流程，就需要由产品管理部门进行一定的市场研究，再制定出新产品的定位及营销策略规划，最后再由企业老板根据这些依据和规划进行决策，如此就能有效避免因企业老板个人的认知边界受限而导致企业受损。

建立规范和高效的组织机制，有利于企业家个人作用的发挥，能进一步提升其个人的认知边界，最终再转化为企业的认知边界。

（3）整合外部资源来扩展认知边界

要完全从企业内部来扩展认知边界并非易事，无论是企业家个人认知边界还是整个组织的认知边界都是如此。尤其是企业自小到大的发展过程中，基本上都是靠经验从事，哪里有什么系统、专业的战略设计，而且专业化的人才也很缺乏，企业家个人的认知也极为有限，全靠自己来寻求突破难度极高！

要在较短的时间内扩展企业认知边界，就必须从外部入手，整合各种专业资源来帮助企业。一是引进专业的高管人才，利用这些高管在之前成功的经历中所形成的认知边界来帮助企业；二是聘请专业的咨询公司，利用其专业能力和服务众多企业的成功经验，来推动企业迅速提升认知边界。

（二）能力边界

认知边界解决的是企业战略的格局问题，然而仅仅站得高、看得远，并不意味着就能够做得到！"知行合一"的本意是能做到才是知道。

要真正扩展企业的发展边界，仅仅提升认知边界是不够的，还必须同

时解决能力边界的局限。否则，即便再好的机会你没能力抓住，那也不是你的机会！

企业的能力边界，存在于整个经营过程中，包含研发能力、制造能力、品牌推广能力、渠道运营能力、供应链整合能力等，而这些能力都需要与认知边界相匹配，最终才能实现"知行合一"而推动企业发展！

（1）能力边界与组织有关

企业要扩展能力边界，首先要提升组织的整体运营能力，这不是某一个人或者某几个人的事情，如果没有将能力融入整个组织，企业的认知边界是无法落地的。

（2）能力边界与资源有关

能力边界需要得到充足的资源保障，比如资金、人才，为了更有效地抓住外在机会，企业就必须做到"以空间换时间"。所谓空间，就是投入更多的资源，减少企业短期内的利润空间；所谓时间，是以大量的资源投入在短期内提升企业的能力边界，以实现企业的迅速突破。

（3）能力边界与供应链有关

企业的能力边界并不仅仅是指内部的能力，还包括外部合作的能力，这就涉及企业经营的整个供应链，企业不仅要提升自己的能力边界，还必须同时推动外部供应链合作伙伴的能力提升。企业所面临的是一个完整的商业生态，企业的价值在这个生态中是通过与外部伙伴的合作来实现的，如果合作伙伴的能力边界不能与企业共同实现扩展，那企业的发展必然受限。

二、以始为终与以终为始

企业的经营思维有两种：一种是"以始为终"，另一种则是"以终为始"。

两者有何不同？

前者是一种短线思维，看见的是眼前，是从现在看未来。结果呢？往往看不清未来，看来看去都只是跟在别人后面走，看着风口飘来飘去，却总是抓不住，疲惫不堪，迷茫不已。

后者是一种长线思维，看见的是未来，是从未来看现在。因为能够看见未来，所以能够提前谋划、提前布局，看好了方向，然后从现在开始着手，踏踏实实奋战几年，正好能够赶上风口爆发。

"以始为终"所做的基本上都是战术层面的事，并无战略可言，无法为未来而布局，别人做什么就跟着做什么，但并不知道这样做的逻辑是什么，其结果恰似东施效颦。

看起来大家做的事情都差不多，你招商我也招商，你铺货我也铺货，你陈列我也陈列，你促销我也促销，花的钱不少，但最终的结果却差很多。

大家都羡慕海天的命怎么这么好，高峰时期47%的毛利率，28%的净利率，市值超过6000亿元，都是做调味品的，差距怎么这么大呢？再看看海天的市场打法，也没有什么特别的，它会的我都会，但我怎么不行呢？

海天的逻辑，大多数企业是看不懂的，这不是一个靠战术制胜的时代，海天的胜局靠的是"以终为始"，而大多数企业都只是"以始为终"，这根本就不在一个层面上，中间差了几十上百个小目标！

海天今天的胜局，不是现在才获得的，若干年前就已经决定了。以酿造为基础的高性价比大众烹饪调料赛道，以酱油品类作为核心，牢牢抓住鲜味市场的持续替代升级，后续多个品类有节奏地梯次发展，给餐饮及家庭用户提供一揽子的调料解决方案，这是海天十几年前就看到的"终局"。

从2000年的10亿元到2022年的256亿元，海天用23年的时间将销售规模增长了25.6倍，这背后的逻辑就是以终为始的"终局"思维，坚守酿造产业，坚守酱油品类，成功地把握了老抽、生抽、味极鲜、蚝油、零添加这一完整的品类替代及产业升级商机，选好方向，凝心聚力，成功自来！

不是海天比其他企业更聪明、更有钱，而是更有格局。别人都是"以始为终"，获得一时的红利就志得意满，有钱了忍不住任性，拿着若干小目标到处投资，而海天看起来更加"愚笨"，更像是"一根筋"，就在酱油及酿造这条看起来很漫长的赛道上稳步积累，像滚雪球般地积累着复利，20年下来，不知不觉已经成长为别人眼中的"巨人"。那些看起来更灵活的企业，不断地换着赛道，不断地施展着"聪明才智"，就像在股市上做短线的人们，左冲右突，勇猛异常，最终的结局只不过是别人手中的"韭菜"。

孙子兵法云："胜兵先胜而后求战，败兵先战而后求胜。"以终为始就是"胜战"思维，而以始为终则是"败兵"思维，两者不可同日而语。

以终为始，体现的是"胜战"的终局观，要么不战，要战必胜，首战即决战。试问，有几家能看明白这个逻辑？以终为始要求企业必须看清大局，掌握行业及消费趋势，以此为前提选准赛道，然后果断出手，以空间换时间，看起来是孤注一掷，实际上是必胜之局！

以终为始，走的是一条看起来"大智若愚"的路，很多企业都在绞尽脑汁寻求"爆红"之计，殊不知现在哪有什么奇招妙想，那些看起来很讨巧的做法，其成效要不了多久就灰飞烟灭。

以终为始，体现出的是一种战略观，战略并非虚无，并非无用，只是你不会用而已。战略是获得竞争优势的底层逻辑，如果不是为了获得持续的竞争优势，企业经营也就无法带来更多，最多不过是做生意而已！要让企业产生更大的价值，就必须进行战略谋划，必须以终为始，通过提前布局来锁定胜局。

以终为始，需要企业从更高的格局上进行整体谋划，其关键就在于把握产业发展格局，了解产业所处的发展阶段，呈现出何种竞争格局，洞察未来的趋势走向，然后按照产业所处阶段的规律做事，这就让企业的行为脱离了个体层面，而是嫁接在整个产业之上谋求发展，这种力量绝非企业一己之力能比！

什么叫势？如何才能借势？产业发展的能量就叫"势"，顺产业之势发展就叫"借势"，很多企业并没有认识到，成功并非是自己聪明，而是依靠的大势。

借势是企业最核心的能力，可惜很多企业都摆脱不了人性的弱点，不肯承认"势"的客观存在，只想表现出自己的"超凡能力"，结果不过是一次又一次地欺骗自己！

在以始为终的思维下，只能看到眼前，而"势"只存在于远处，真正的谋势并非谋眼前，而是谋未来，眼前的"势"，再好也是别人的。

很多企业并不理解战略的力量，认为企业成功靠的是执行力，不断在强化团队执行上下功夫，给团队输入成功学那一套，喊口号、搞拓展，不停打鸡血，最终带来的只是"回光返照"！

以终为始，考验的是企业精准战略选择的能力，大赛道、中赛道、小赛道，从市场边界、目标用户、业务板块、品类结构、产品组合、渠道选择再到业务模式、组织体系，这一切都需要企业在行动前进行精准选择，而且这些选择都要严密地贯穿起来，形成一个整体，一旦行动就能爆发出强大的力量！

以终为始，需要企业时时牢记自己的初心是什么。如果追求的是规模，就要具有低成本优势，广泛拓展、迅速布局，在短时间内做大销售规模；

如果追求的是利润，就要构建差异化优势，聚焦拓展，引导消费，占据心智，体现品牌价值。

企业增长的方向有多种，每个方向又有每个方向的走法，选择哪个方向并没有对错，只是企业的价值取向不同而已，但是企业必须遵循内在规律，根据规律来确定具体的发展路径。

以始为终和以终为始是两种截然不同的思维模式，对企业带来的影响千差万别，以终为始乍一听不好理解，非常抽象，却是构建竞争优势的底层逻辑。

三、别让"补短板"误了你

在很长的一段时间里，"木桶理论"都是大家津津乐道的热词，"补短板"也成了众多企业走出困境的希望。"一只水桶盛水的多少，并不取决于桶壁上最高的那块木块，恰恰取决于桶壁上最短的那块！"乍一看，这句话挺有道理的，如果不把短板补长，桶里的水肯定装不满，所以必须把精力放到补短板上。

后来在实践中不断思考这个问题，感觉有点不对，补短板自有其道理，但问题是每个人、每个企业都存在短板，而且短板不止一个，就这样补了一个又补另一个，刚补好了这个，那个又短了，结果岂不是补得没完没了？何时才是个头？我们都知道，短板往往是薄弱的地方，又是很难的地方，所以补短板是不容易做到的，要耗费大量的精力和资源，如此一来，大家不都是陷在短板中出不来了？一天到晚看到的都是自己的短板，补来补去无尽头！

在我看来，木桶理论的作用更多体现在管理上，通过补短板来提升企业的综合管理水平，而在战略上就不能补短板了，一定要补长板！企业要想在竞争中获胜，主要依靠的是自己的长处，也就是我们所说的核心能力，"没有金刚钻，不揽瓷器活"，短板补来补去也比不过竞争对手的长处，为什么不加长自己的长板，让自己的优势更加明显呢？所以，企业必须搞清楚什么才是自己安身立命的东西，什么是属于别人的！

每个人或者每个企业都有自己的先天基因，这个基因就代表着长处，只有顺应这个基因，企业的能力才能发挥得淋漓尽致，反之必然处处难受。

有的企业成本意识浓厚，强调控制成本，擅长低成本经营，体现出来的就是低价竞争，若是让其转向品牌运营，则往往力不从心。

有的企业天生具有品牌基因，注重品牌形象，擅长品牌推广，经常推出一些轰动性的事件来营造声势，但往往在产品研发或渠道运作上较为薄弱。

有的企业具有技术基因，从老板到专业人员对技术都情有独钟，擅长新品研发和生产制造，产品质量也非常好，但这样的企业往往在品牌打造和渠道运作上比较薄弱，有时候空有一堆好产品，却不知如何让消费者接受。

有的企业具有商贸基因，对市场极其敏感，反应也非常灵活，擅长渠道运作，非常清楚渠道商需要的是什么，但这样的企业又往往对产品研发或品牌打造不太重视，他们看重的是快速顺应市场变化，以满足渠道商需求为主，产品则采取模仿跟随的做法，若是让其沉下心来打磨好产品很难。

有的企业家个性执着，擅长专业化经营，一件事情一定要做到极致，若是让其实施多元化经营，多半很难玩得转。

有的企业家非常灵活，擅长多元化经营，善于把握市场上的各种机会，又很懂得利用人脉来吸引各种资源，可以构建起一个庞大的商业帝国，但这样的企业往往是铺摊子，很难建立起专业上的独特竞争优势……

基因决定能力，能力决定优势，大家都各展所长，世界就在这样的状态中变得丰富多彩，如果总是处于不停补短板的状态，搞得人一点信心都没有，在竞争中又如何获胜呢？

企业的竞争优势更多是靠战略而非管理，如果战略的长板出了问题，哪怕把管理的短板补得再长，也不可能从根本上扭转企业的颓势。

一家调味品企业的规模不大，销售额不到一亿元，但是该企业老总的学习意识很不错，经常在外参加各种培训班、总裁班，接受了各种理论的熏陶，木桶理论就这样深深进入他的脑海。于是，他就请了多家专业机构来帮助企业补短板，构建完善的管理体系，包括生产方面的5S管理、人力资源方面的薪酬和绩效体系构建、管理方面的组织体系和流程再造等，一时间企业内部各种会议、各种研讨热火朝天，从表面上看这种感觉非常好，似乎企业的各种力量都被激发，离腾飞不远了！这样忙活了一年，年终一看，企业的销售业绩仍然处于爬坡状态，市场上也没有竞争优势，内部的管理确实规范了，体系化、制度化、流程化提升了一大截，但问题是业绩增长不大！该老总非常郁闷，我直言不讳地告诉他，这种做法是本末倒置，你所有的工作不是为了有效抓住战略机会，只是一味地补短板，这样仍然没有竞争优势。

管理大师德鲁克在《成果管理》一书中就鲜明地指出："成果或者资源不是来源于企业内部，而是来源于企业外部，这就是说企业内部的设计、销售、制造和会计都是成本，企业真正的成果取决于企业外部的人——市场中的顾客；成果的取得是靠挖掘机会，而不是靠解决问题，解决问题无非使得企业恢复正常秩序；要创造出成果，资源必须被分配给机会，而不是分配给问题，如何把事情做好不是企业应该提出的问题，而是如何找到正确的事情，并且集中资源和力量做好这些事情。"

所以，该企业只是在正确地做事，但没有做正确的事，对于外部市场上的战略机会没有深入挖掘，没有推出具有独特价值定位的战略产品，也没有强化渠道掌控力，更没有提升品牌影响力。如此，即便在企业内部搞得轰轰烈烈，对最终的业绩提升也无济于事！

没有问题的企业是不存在的，再优秀的企业也有问题，如果将目光盯在短板上，反而会忽视自己的长板。很多时候，企业正是在充分发挥自己长板的时候，顺其自然地解决了短板问题。

如果企业存在短板怎么办？合作，优势互补，而非拼命补短板。

老干妈的销售人员并不多，整个市场拓展的工作都交给了经销商，老干妈全心全意做好品质和打假，这种优势互补让老干妈实现了高速增长；东古酱油也是如此，与大商进行合作，在东北市场实现了10亿元左右的销售额，同样没有靠自己的销售人员！

虽然合作会使企业让出一部分利益空间，但是提高了经营效率，降低了费用，减少了走弯路的成本，更关键的是能够抓住时机，赶上行业风口，这比什么都重要！

好在现在意识到木桶理论谬误的人逐渐增多，与此同时一个"新木桶理论"也诞生了，被称为"斜木桶理论"。即把木桶放置在一个斜面上，木桶倾斜方向的木板越长，则木桶装的水越多。这正是对补短板的纠偏，充分发挥长处，基于优势开展竞争，才是企业实现快速增长的正道！

四、要眼前业绩还是持久业绩

在十几年的咨询过程中，无论给企业提供的是什么服务内容，最终都会指向两个字：业绩！这是无可非议的，企业为什么花费那么多钱请你，即便你声名远扬，也应该不会只是仰慕你，更多的是指望着你够帮助企业实现更高的业绩。

这十几年无一例外，每次一想到"业绩"这个词，心中涌起的就是另外两个字：矛盾！

企业对业绩的认识，是告诉他真相，还是让他开心？如果是真相，一分耕耘一分收获，业绩不会来得那么快！如果短期业绩提升很快，必定是赶上了行业的风口，其实与努力关系不大，如果短期业绩提升很慢，那才是正常的。

如果要让企业开心，就拍着胸脯告诉他，没有问题，放心交给我吧！最终的结果，基本上是拍拍屁股走人！我之所以始终处于矛盾状态，一方面肯定是不愿做第二种人，另一方面我又不愿因告诉企业真相而得不到理解。

在十几年的磨砺之后，现在我已不矛盾，干我们这种服务业的，要活得长久，就必须"致良知"，王阳明说良知就是"知善知恶"，致良知就是要驱除内心的恶，发扬内心的善，一旦心中涌起一丝丝恶念，马上就要将其驱除，这就是致良知。

所以，现在面对企业对业绩的渴望，我会毫不犹豫地告诉他，我们专业服务的宗旨一定是帮助企业提升业绩，不过这个业绩是持久的业绩，而不是短期的业绩，在与我们合作后，企业的业绩在短期内也有可能实现快速提升，但那只不过是一个结果，而不是我们的初衷。我们帮助企业的初心一定是通过强化核心竞争力来获得业绩的持久提升，这才是我们能够给企业带来的真正价值。

对于提升短期业绩，我们非常理解企业的心情，谁不想在短时间内一炮而红呢？但事实告诉我们，企业经营是长跑，短期的业绩提升只是表面的，并不代表企业变得强大了，更多时候这种短期业绩的上升反而掩盖了很多问题，最终导致企业的衰败。

如果我们为企业提供服务的出发点就是一炮而红，这是极其危险的一件事情，会让虚幻的泡沫迷惑我们的心灵，真正有良知的做法一定是"治未病"！《黄帝内经》中这样说："是故圣人不治已病治未病，不治已乱治未乱，此之谓也。"

神医扁鹊有一个故事。有一次魏文王召见他："你家三个兄弟听说都学医，那么谁的医术最高？"扁鹊脱口而出："我大哥的医术最高，我二哥其次，我最差。"魏文王很惊讶，问："那你为什么名动天下，他们两人一点名气没有？"扁鹊说："我大哥的医术之高，他可以做到防患于未然，病未起之时，他一望气色便知，然后用药把病调理好了，所以天下人都以为他不会治病，他一点名气都没有；我二哥的能耐是能治病初起之时，当一个人咳嗽感冒的时候，就用药将他治好了，所以我二哥的名气仅止于乡里，认为是治小病的医生；我的医术最差，是这个人病入膏肓、奄奄一息，下虎狼之药、起死回生，结果全世界都以为我是神医。"

管理大师德鲁克也这样说："管理很好的企业总是单调乏味，没有任何激动人心的事情发生。"德鲁克的管理哲学极大地启发了张瑞敏，由此开创出海尔的OEC"日清日高工作法"，并不断夯实企业的核心竞争力。

所以我常常对企业说："如果你的出发点只是想提升短期业绩，其实不需要请我们，你完全可以请一个经验丰富的销售总监，他可以帮你制定有诱惑力的销售政策，利用高返利来吸引经销商进货，在短期内一定可以提升销售业绩。"

或者请一个广告公司拍一条广告片，然后在媒体大力度投放，也能够通过知名度的提高在短期内提升业绩。

我们作为一家专业化的咨询公司，出发点必须而且只能是帮助企业构建核心竞争力来获得持久增长，这是绝不容更改的服务逻辑！

既然如此，我们帮助企业提升业绩的着眼点就不会只是放在那些表面的政策利益、概念点子、推广炒作上，而是一定要从战略的源点做起，从一开始就要规划好战略定位，然后再构建好相应的战略路径和保障体系，最终构建企业的核心竞争力及竞争优势。

要使企业获得持久业绩增长，我们的核心逻辑包括以下两个：

（1）先胜而后求战

企业业绩的增长必须站在一个高度上考虑，这就是战略格局。老祖宗留下的兵法告诉我们，最高的竞争就是：胜兵先胜而后求战，败兵先战而后求胜。**企业要实现持续增长，经营逻辑的源点必须正确**。如果这个逻辑出现问题，成功是不可能的。

投资公司在考察企业是否值得投资时，首先询问的就是其商业逻辑，其核心也是德鲁克经典五问：我们的使命是什么？我们的顾客是谁？我们的顾客重视什么？我们追求的成果是什么？我们的计划是什么？对于这几个问题，企业在任何时候都必须能够清晰回答，否则就意味着战略的核心逻辑出了问题。

对这几个问题的回答，也是我们在给企业提供咨询服务时必须提供的，看起来似乎有点"虚"，其实这是最大的"实"，做不到这种战略谋划的高度，企业就绝不可能在竞争中实现持久的业绩增长。

（2）知行合一

企业获得持久业绩增长第二个核心逻辑就是"知行合一"，**一个好的战略必定是一个能被执行的战略，而不只是一个概念**，知行一定是合一的，如果一个战略不能执行，意味着根本没有战略。

我们给企业提供战略营销咨询，绝对是遵循知行合一理念的，我经常对企业说，一个好的战略必须要做到让消费者在终端"所见即所想"，其所见到的产品或者品牌表现，一定要和企业高层所规划的是一样的，这才意味着企业的核心价值有效传递给了消费者。

在我们的认知中，战略规划和执行是一体的，不是分开的，所以绝不存在"战略没问题，就是执行不到位"这种说法。正如王阳明所说："知是行之始，行是知之成。"规划是战略的起点，执行则是战略的过程和终点，他们就是一枚硬币的两面，而非两枚硬币！差之毫厘，失之千里，其中之真意不可不察！

为了践行知行合一，我们在制定好战略规划后，还要为企业制定年度营销策略规划、渠道运营模式，以及组织体系、流程体系、激励体系、制度体系等管理保障，以此来匹配战略和策略的执行。

所以，在我们所说的战略营销咨询中，所有的战略都必须体现在具体的工作和行动中，绝不能概念化。

战略大师迈克尔·波特构建的"价值链"，将企业经营过程中的多个关键环节串联起来，而按照麦肯锡的说法，也可以将整个价值链划分为创造价值、传递价值、传播价值三个部分。我们根据这些也创立了一个理论体系——链式营销，即将价值链划分为四个阶段——创造价值、传递价值、实现价值、保障价值，以此将战略规划、策略规划、管理体系等融入整个价值链，这样才能够真正做到知行合一。

通过知行合一的战略体系，才能打造核心竞争力，并在市场中获得领先的竞争优势，最终实现持久的业绩增长！说到底，这才是企业真正追求的目标，也是我们专业服务公司的终极价值所在！

五、结硬寨，打呆仗

现在，愿意下苦功夫抓市场基本功的调味品企业已经不多了，大家都想去做比较讨巧的事，比如搞个新概念、设计一套新包装、找个明星代言、再到热门的电商平台搞搞活动，似乎这样就能把销量迅速做起来了！

但问题是，真的有这么轻松的事情吗？就像2019年的第十一个天猫"双11"，交易额达到了2684亿元，共有299个品牌的营业额超过亿元，这个结果肯定让许多企业羡慕不已，但是这一天的交易额也许并不意味着什么，因为有的企业即便在"双11"实现了高速增长，但是其全年营业额却增长不大，甚至利润额增长还大幅下滑。如此，仅仅追求这一天的狂欢又能如何呢？

经营企业，若一味地追求"轻巧"，并不能真正让企业获得核心竞争力，只有针对若干关键环节苦下"笨功夫"，才能使企业建立牢固的根基。

《神雕侠侣》中杨过学习独孤求败遗留的剑术，最终正是修习了"玄铁重剑"，方令自己的武学境界突飞猛进。"重剑无锋，大巧不工""越是平平无奇的剑招，对方越难抗御"，世上本无绝招，将一招练习十万遍，自成绝招。

曾国藩有一句名言："结硬寨，打呆仗。"面临太平天国军凶猛的攻势，曾国藩靠着这"六字真经"步步为营，用最笨最呆板的方法，最终剿灭了太平天国。所谓"结硬寨"，就是每进攻一地，就选择最有利的地形驻扎下来，要求背山靠山，同时抢修城墙，挖掘战壕，壕沟外再建花篱防范敌军马队冲击；而"打呆仗"，就是一步一步地挖壕沟，将对手紧紧围住，断敌粮道、断敌补给，最后待对手奄奄一息，自然而然获得胜利。这看起来很笨很呆的办法，恰恰是曾国藩获胜的根源，不讨巧，下苦功夫，这才是最大的智慧！

现在大家都讲"工匠精神"，其本质就是"结硬寨，打呆仗"，世上哪有那么多轻巧的事让你做啊！对于传统的调味品企业来说，要在市场中获得竞争优势，使企业实现持续良性增长，更要践行"结硬寨，打呆仗"的原理，把基础打牢，成功自然而至！

（一）结硬寨

"结硬寨"的核心就是将布局做好。在仗还没有打的时候，将各种基础设施都建设好，先力求不败，再谋取胜利，这就是《孙子兵法》中所说的："先为不可胜，以待敌之可胜。"

调味品企业的"结硬寨"至少应包含以下几个方面：

（1）创造核心价值

创造核心价值是调味品企业最大的"硬寨"。这是整个品牌乃至企业立身的根本，没有独特的核心价值，这场仗怎样打？在竞争中怎样力求不败呢？没有了这个最大的主心骨，企业都将不知为何而战，成功是不可能的！

不少调味品企业对于创造核心价值缺乏信心，他们认为大家的产品都差不多，要找出独特之处很难，所以干脆不找了，大家都一样！所以，我们在市场上看到同质化的产品比比皆是，自然平庸的品牌和企业遍地都是！绝大多数企业对于创造核心价值都会将其理解为很虚的事情，但这是"结硬寨"中最关键的一步，它并不仅仅是一个概念，而是真的要创造出独特的核心价值来满足消费者需求。

调味品企业要从同质化的产品中跳出来，必须要从核心价值创新这个源点出发来解决问题，这是最大的基本功，决定着产品的研发方向和品质把控。需要说明的是，核心价值并非仅仅从产品本身的角度来考虑，一定要从消费者的需求和认知出发，再结合产品的特性来深入挖掘，这样的核心价值才具备可实现性。

（2）抓好产能建设

产能建设是调味品企业"结硬寨"的另一个重要内容，其直接关系企业能否实现更大的营业规模。

产销必须要形成密切的联动，销售要带动产能的扩张，产能也要推动销售的提升。海天、厨邦、李锦记、太太乐等领先企业之所以能实现业绩的持续增长，产能建设功不可没。海天目前已经达到近370万吨的产能，厨邦有70万吨左右的产能，太太乐鸡精也有近30万吨的产能，千禾产能则在50万吨左右，而且这些企业的产能还在持续扩张。产能建设规模反映企业工业化的水平，产能规模大，意味着企业可以满足更多市场的需求，也能降低固定成本，形成成本竞争优势。

如果产能规模没有前瞻性，将会大大制约销售的增长。比如加加食品上市时融资11.15亿元的目标是将酱油产能从20万吨提升到40万吨，但延期了10个月，造成其大单品原酿造的供应量不足，制约了销售的增长，而同期海天、厨邦由于产能充足，都实现了高速增长。所以，产能建设这个

"硬寨"是无论如何都不能忽视的。

(3) 抓好客户布局

经销商布局也是调味品企业必须要结的"硬寨",毕竟这是企业不可或缺的合作伙伴,除非企业都是采用直销或者直营模式,否则离不开与经销商的合作。可惜许多调味品企业都没有充分重视经销商的布局,结果就是区域市场上的经销商选择和结构存在很大问题,自然不可能获得好业绩。

经销商布局之所以是"硬寨",是因为只有客户选择正确、布局正确,才能将企业的战略有效落地。如若经销商实力弱小,布局又混乱,这场仗该怎样打呢?恐怕刚出手就被对手灭了!

现实中,许多调味品企业对于经销商的布局缺乏系统规划,而且都是由基层销售人员来决定的,其最大的弊端就是销售人员为了拿到奖金,谁打钱给谁做,匹配度、布局等全然不顾,如此关系到市场成败的重大战略事项,就这样被随意执行了!仗还没有打,这些企业就已经输了!

所以,笔者始终都在强调,经销商选择和布局是个战略问题,必须由高层领导直接决策,而不是由基层业务人员凭个人喜好随意决定,这对于企业是不负责任的!

"结硬寨",经销商布局绝不能忽视!

(4) 构建专业团队

有没有一个专业化、执行力强的营销团队,是调味品企业"结硬寨"的重要内容。

现在很多企业之所以迟迟未能实现业绩突破,一个重要原因是缺乏专业化的营销团队来高效执行公司战略,空有一些想法,只是"镜中花、水中月"。不少调味品企业或由于地处偏僻,难以吸引专业营销人员加盟;或不愿付出市场化薪酬,无法吸引专业人才;或缺乏现代人力资源理念,无法给予足够的平台和资源，得不到外部专业人才的认同。

凡此种种，使得整个调味品行业的专业营销人才极其缺乏，几乎笔者接触的每一家调味品企业都在为寻觅优秀人才而费心。构建专业团队绝对是企业"结硬寨"必不可少的一环，再好的战略规划，如果没有专业的营销团队来执行，也是一堆废纸。要做到战略的知行合一，必须将专业团队的建设纳入进来，这是战略得以落地的必要保障！

（二）打呆仗

结好了"硬寨"，接下来的就是"打呆仗"。对于调味品企业来说，"打呆仗"就是不要一味讨巧，想找到"一招制敌"的妙招，而是要将心放下，着眼于市场基本功的建设，把几项关键动作做扎实，业绩自然获得增长，更可以构建竞争优势。

（1）客情客情再客情

有些企业将目光放在高大上的做法上，觉得基层业务人员的作用不大，甚至有的自媒体文章传言某些企业要砍掉所有的业务人员（后来该企业出来辟谣无此事），这种想法绝对是错误的！

作为企业战略合作伙伴的经销商，如果与销售人员建立不了密切的客情，还谈什么业绩增长呢？一个优秀的销售人员，首先体现在与经销商的客情上。

现在根本就不是削弱销售人员的时候，相反还要在销售人员与客户之间建立更为密切的关系。要知道，经销商的资源和精力有限，他要经销那么多的品牌和产品，自然是谁和他打交道多、沟通深入、关系好，他就帮谁拼命卖产品，不少企业并没有做宣传，就是靠着与经销商之间的良好客情提升业绩。

现在，企业与经销商之间的客情已不局限在传统的个人交情，而是包含更为丰富和专业化的内容，比如市场规划、产品组合、费用规划、政策支持、渠道管控、团队建设、信息分享、后勤支持等，把这些事情踏踏实实地做好，不需要豪言壮语，经销商自然尽心尽力，帮你做好业绩。

（2）铺货铺货再铺货

现在大家都热衷于电商、新零售等高大上的新概念，对于传统的铺货似乎都看不上了，但在调味品行业，恰恰是这种动作在发挥着极其重要的作用。你若是到市场一线去问问那些有经验且营业规模较大的经销商，他们会告诉你做市场没有什么绝招，就是要不断铺货，那些知名品牌就是这样被他们把市场做开的。如果没有把这种动作持续坚持下去，即便是广告打得叫天响，也会有人在终端撬掉你的生意。

对于调味品企业来说，要在批发市场不断铺货，要在农贸市场铺货，也要在终端小店铺货。总之，就是要不断重复这个动作，把这个简单的动作做千遍万遍，市场自然就是你的。

美国作家格拉德威尔在《异类》一书中说："人们眼中的天才之所以卓越非凡，并非天资高人一等，而是持续不断地努力，1万小时的锤炼是任何人从平凡变成世界级大师的必要条件。"这就是著名的"一万小时定律"。比尔·盖茨13岁时有机会接触到世界上最早的一批电脑终端机，开始学习计算机编程，7年后他创建微软公司时，他已经连续练习了7年的程序设计，超过了1万小时。因此，哪家企业能够将此定律应用到铺货中，成功的到来是必然的！

（3）陈列陈列再陈列

与铺货相关联的就是陈列，这也是品牌建设的重要环节。

不少调味品企业认为只有在媒体上进行宣传才是品牌推广，实际上品牌传播无处不在，而在渠道和终端进行持续的陈列就是一个重要方式，而且也是性价比很高的方式。

陈列，首先要确定标准，包括核心产品、陈列形式、陈列标准、宣传物料及陈列场所等，其次要确定需要陈列的具体渠道、终端网点及陈列时间，然后是如何陈列，以及如何进行管控和评估。

在费用预算范围内，调味品企业要配合铺货，针对重点的渠道及终端网点进行持续陈列，包括批发市场的堆箱陈列、专架陈列，也包括对大型卖场终端的货架陈列、端架陈列、堆头陈列等。标准、持续地陈列将有助于企业传播品牌形象，在终端激发消费者的购买意愿。这些动作都没有巧招，只要扎扎实实做下去，效果就会显现！

（4）推广推广再推广

最后一个"打呆仗"的方式就是渠道和终端推广，这也没有什么巧招，每家企业都知道那些常用的推广方式，诸如针对渠道商的进货搭赠、年终返利、压货返利等，以及针对终端消费者的买赠、特价、试用等。不要小看这些套路式的促销推广，就像拳击的"直拳、勾拳、摆拳"三板斧一样，只要组合到位，反复使用也能够产生巨大的作用。

在具体的实施过程中，这些做法也存在一些操作技巧，比如使用的阶段、力度、适用的产品以及组合形式等，但总体来说都没有什么讨巧的东西，关键在于要系统和持续。企业一定要针对推广制定整体的规划，包括年度和季度，建立一套体系，从规划、执行、督导到评估，循环往复地实施下去，最终会产生极大的成效。

"结硬寨，打呆仗"，笨办法、苦功夫，最终能够产生大成效！关键是，这种"大巧不工"的方式是最难模仿的，一个新概念、新包装、新方法，可以在短时间内产生众多的模仿跟随者，但是对于"结硬寨，打呆仗"的工夫，大家都知道是怎么回事儿，也都会做。但是数年如一日地做下去，这就变成一件极其有难度的事情了！这种功夫才是调味品企业应该全力构建的竞争壁垒！

六、从费用率看企业战略思维

在企业经营的过程中，一切皆战略！

费用率，这是在企业经营过程中常见的指标，通过这个指标，企业可以管控营销人员的行为，其目的是提高营销费用的投入产出比，在确保销售目标达成的前提下，将营销费用控制在一个范围内。

这个指标有意义吗？有！如果没有这个指标，销售人员只会忙着花钱，稍有不慎，很可能将企业多年积累的老底花光！作为一个销售人员，其天然的思维模式就是"销量优先"，只要能够卖更多的货，其他一切都抛到脑后！这无疑是一件好事，毕竟有一个敢拼敢冲的销售团队，也是企业的一大幸事！

但也是不幸的，就像吃药一样，虽然能够治病，但伴随着副作用。追求"销量优先"有一个典型的副作用——不赚钱，尽管销量上涨，但企业一盘点就会发现——没赚几个钱！这就是问题。怎样才能盈利？此时"费用率"就要出场了！

费用率，又称费销比，即营销费用额占销售额（大多按回款额计算）的比例。在销售额一定的情况下，营销费用额越少，费用率就越低；在营销费用额一定的情况下，销售额越大，费用率就越低。这两种情况都意味着营销费用的投入产出成效较好，是企业竭力追求的。反之，则意味着投入产出成效较低，是企业竭力避免的。

为了让销售人员不再仅仅是卖货，还要考虑为公司赚钱，于是不少企业都在给销售人员的考核指标中增加了"费用率"这一项。如果销售人员没有将费用率控制在公司规定的限额之下，就算是完成了销售任务，也要扣减奖金或提成。从另一个角度来看，企业增设费用率这个考核指标，不仅仅是省钱，还是为了转变销售人员的角色，强化其经营意识，要用有限的资源发挥出最大化的成效。销售额越做越大，营销费用也越投越多，但只要费用率没有超标，意味着企业仍然能够赚钱！

企业的费用率具体涉及哪些费用项目呢？主要有两类：

变动费用：如搭赠、返利、DM等。这些费用会随销售额的变动而成比例变动，所以这些费用的支出通常没有问题，钱花出去了就一定会有销售额，遇到这些费用，销售人员和企业高层一般都不会担心。只要变动费用比例不超过公司规定的费用率，就一定不会超标！

固定费用：如条码费、陈列费、导购员工资、宣传物料、赠品/礼品、广告费（含电商钻展）、坑位费、直通车等。这些费用是最令销售人员和企业高层头痛的，因为钱花完了，任务还完成不了！这些费用和销售额之间并没有相应的比例关系，钱花出去了，销售额可能会增加，也可能不会增加。极端地看，花钱的方式不好甚至还会导致销售额下降。所以，固定费用的使用是一个具有技术含量的活儿！

在固定费用的项目中，最难以把握的涉及两类：其一为渠道费用，线下渠道主要为条码费，线上渠道为坑位费等；其二为推广费用，线下渠道为陈列费、广告费，线上渠道为直通车、钻石展位等。这些费用既涉及进入某些渠道的门槛费用，也涉及对渠道的运营及维护费用。如果真正要使这些渠道产生应有的销量，这些费用是无法避免的！但问题是，这几项固定费用的投入都是巨大的，一方面这是下游渠道商收取的费用，要进入这些渠道销售，这些费用就是必需的；另一方面这些费用也是竞争的代价，激烈的竞争弱化了费用的成效，如果企业投入不足，优势就会被竞争对手夺去，为了在竞争中胜出，企业不得不提高投入。

费用投入的问题几乎困扰着所有企业，其关键在于企业想通过有限的固定费用投入来获取最大化的整体销售额。在费用率一定的情况下，如果整体销售额实现了企业的目标，就不会出现问题；如果整体销售额没有达成目标，就会出现问题。这个差距如果很大，就会产生大问题！从根源上说，费用投入的问题在于固定费用投入产出的不确定性上，变动费用就不存在。由此，企业就处于进退两难的尴尬境地：不投费用，销售额肯定不会增长；投费用，费用率又很高，亏钱是必然的，长此以往难以承受！

目前来看，企业投入费用基本上见不到头的主要有两种：一是线下渠道中的大卖场，尤其是国际性和全国性卖场；二是线上渠道中的平台电商和头部直播电商，如天猫、京东、抖音、快手等，在其上投入的费用也极其惊人。与线下渠道的进场费不同，平台电商的核心是"流量"，没有流量就没有销量，为了获取足够的流量，企业就要花费大量的费用来投入直通车、钻展，尽管有人说电商是"没有中间商赚差价"，但电商本身就是最大的中间商，他们掌握了流量规则，为此企业就要付出大量的费用。这两类渠道目前分别占据着线下线上渠道的大部分流量，是企业做大销售规模无法迈过的门槛，不过由于需要投入大量的费用，尽管运营这两类渠道可以产生较多的销量，但企业却很难从中赚钱！

企业怎样才能赚到钱呢？这就要考验企业的综合运营能力了！单靠运营大型卖场和平台电商自然难以赚钱，但如果能够有效拓展线下渠道中广泛的BC店、流通渠道、特殊渠道，以及线上渠道中的尾部直播电商，就有可能通过做大销量规模来赚取利润。原因在于拓展这些渠道所需的固定费用较低，企业从中可以获取较大的回报。如果不去拓展大卖场及平台电商行不行呢？不行，因为上述渠道的影响力相对较弱，如果缺少了具有极大影响力的渠道进行造势，光靠这些渠道难将销量做大。

投钱还是不投钱？这是个问题！

不投钱显然是不现实的，那么只好设置一个"费用率"的指标，让销售人员在其指引之下开展销售活动。那么，当企业给销售人员套上费用率这个"紧箍咒"的时候，会发生什么情况呢？

第一，销售人员花钱变谨慎了，花钱的时候要想一想，如何在限定的费用条件下将销售额做到最大。这样的销售人员无疑是有想法的，做事有计划性、有理性，对企业也很负责，有限的资源到了他们手中，确实有可能发挥很大的作用，不仅有销量，还能赚钱！

销售人员不再乱花钱了，但也不尽力做大销售额了，有多少钱就办多少事，虽然费用率没有超标，但销售任务却未完成，无法得到相应的奖金或提成。这类销售人员其实也并非全无可取之处，虽然没有完成销售任务，但也没有糟蹋企业的钱，只不过是保守一些罢了！

销售人员仍然大胆花钱，但也能将销售额做大，使费用率保持在公司规定的范围内。这类销售人员颇有胆量，有的人经验丰富，知道怎样花钱产生的效果最好；有的人则坚信有多大的投入就有多大的产出。总之，他们胆气十足，敢于花钱，结果也确实很好，他们能够在费用率不超标的情况下完成销售任务，不过这类销售人员不多，而且企业老板敢用的也不多，如果真的能碰上，也算是运气吧！

销售人员不管不顾地花钱，但销售额却未能完成，导致费用率超标，无法得到相应的奖金或提成。这些人要么是真的能力差，要么就是心术不正，不管怎样先把钱花出去再说，没准瞎猫碰上死耗子，运气好也能完成销售任务，就算完不成销售任务，还有可能在客户那里捞点好处。碰上这样的销售人员，企业只能自认倒霉，一旦发现，赶紧清除！

目前许多企业采用"费用率"的经营逻辑可能出现偏差，这与大家对"费用率"的认知有关。从现实状况看，绝大多数企业都将"费用率"用错阶段了。也就是说，费用率能够发挥作用的阶段是在市场常规维护时期，在具有一定量级的销量规模前提下，通过合理的费用率可以更好地管控投入产出成效。但企业通常将费用率应用在市场拓展初期，而这个阶段恰恰是要投入大量费用的，此时采用费用率就很难向市场上投入足够的费用。由此一来，自然影响了企业拓展市场的成效，导致不少市场都处于不温不火的状态，很难推动企业在短时间内实现业绩突破。

所以，不是费用率没有作用，而是企业用错了阶段。在拓展市场初期，是不应该采用费用率方式的。费用率其实是一种战术思维，体现的是运营效率，其注重的是费用使用的细节，因此更适用于已经处于常态化发展的市场。对于尚在拓展初期的市场来说，企业需要的是战略性的费用投入，不能受制于常规的费用率思维，要在较短的时间内将战略有效落地执行，在市场上造出声势，从而迅速引爆市场。战略性的费用投入是"以终为始"的思维，一切基于战略的要求来实施，从短期来看也许企业是在不计成本地投入，但其实是节省了未来的机会成本；或者说，**费用率是一种会计成本思维，而战略性费用投入则是一种机会成本思维**，两者的差异是巨大的！

有了这种阶段性的认知，企业就需要采取针对性的费用投入方式。在推出新产品、进入新市场及全力实现业绩突破的时候，企业需要忘记"费用率"。这时候，企业应该将精力和资源聚焦在重大的战略行动上，实施饱和攻击，在短期内迅速引爆市场。此时如果还将"费用率"放在心上，十有八九战略无法有效落地，看起来是管控了费用，实际上是延缓了战略执行成效，有时候会错过了最佳时机，后来再投十倍也无济于事！

那些能够在短时间内实现业绩突破的企业，不少都是遵循了战略性费用投入的原则，不计较一时一事的损失，把眼光放在抓住机会实施战略"决战"上。有无战略思维，其结局是天差地别的！

七、所有和吃有关的都是味道生意

味道，是渗透每个人生活不可或缺的内容。如果失去了味道，生活将是多么地单调、多么地乏味、多么地缺乏灵魂！

所有和吃有关的都是味道生意！味道就是灵魂，虽然看不见摸不着，但闻得到尝得出，它让我们的生活丰富多彩，它调动我们的多巴胺，让我们的情绪，或兴奋、或愉悦！

具体拆解一下，所有和吃有关的只有两个基本要素：食材和味道，就是这两个如此简单的要素，却组合出变幻莫测、五彩斑斓的食物世界！

在这个组合中，食材就是"身体"，味道就是"灵魂"，通过身体和灵魂的灵活组合，让我们可以获得层出不穷的口福享受！

将这两个因素和产业挂钩，我们惊奇地发现，味道是一门多么大、多么具有前景的生意！在食材这个要素中，由各种各样的丰富产业构成，如餐饮、方便食品、粮油食品、速冻食品、肉制品、休闲食品、饮料、乳制品等，以作为载体的不同食材为基础，形成一个庞大的食品产业。而在味道这个要素中，只有两个产业构成：调味品和食品添加剂。大家想想看，有谁能够离得开这两个产业呢？

味道，无论在哪个饮食行业中都必须重视！

康师傅，自20世纪90年代初在中国大陆推出第一包方便面开始，便雄霸整个方便面市场至今，其后无论是同属台资的统一，还是本土的今麦郎和白象，始终都不能望其项背！二十多年来始终保持领先地位，当然和康师傅的综合竞争力直接相关，究其根源，还是其"王炸"红烧牛肉面在消费者中牢牢形成的"味觉记忆"。多年以来，康师傅方便面用过的广告语众多，但我相信大家记忆最深刻、最能心动的广告语还是这句："就是这个味儿！"虽然非常简单、非常直白，但却最真实，最能打动人心！

是啊，这么多年过去了，现在消费者面临的食品市场已经远非20世纪90年代初可比。为什么大家还是对康师傅方便面心心念念呢？不对，应该是对康师傅红烧牛肉面心心念念！现在的小孩子什么吃的都不缺，但还有不少偏偏独爱康师傅的这款超级大单品，为什么？就是因为这个"味儿"！

康师傅是幸运的，二十多年前的那场全国市场调研，让其从中发现了能够被全国消费者都普遍接受的品种——红烧牛肉面，于是诞生了一段业界传奇！让康师傅缔造这段传奇的，到底是方便面的"面"，还是方便面的"味"呢？看看康师傅自身的广告语，相信这个答案不言自明！

乐事薯片，百事食品旗下的核心品牌，十年前开展过一场非常成功的广告运动——"谁是你的菜"。在这场大规模推广活动中，主角就是乐事旗下的新产品——菜系化薯片，包括辣嘴藤椒鱼、野蛮牛仔骨、蜜心叉烧味、芥末虾球味、飘香麻辣锅、香辣小龙虾、咖喱宅牛肉、吮指红烧肉、黑椒牛扒味、意大利香浓红烩、墨西哥鸡汁番茄、秘制酸汤鱼、蒜蓉烤生蚝、海盐黑胡椒、鲜浓番茄味、滋滋烤肉味、香脆烤鸡翅、小米辣爆炒小公鸡……这哪里是家薯片企业啊？活脱脱是一家调味品企业！在调味品行业中广受期待的复合调味料，早就在乐事薯片实现了！

卫龙是一家以辣条成名的休闲食品企业，近几年打造出一个畅销的爆品——魔芋爽，其诞生于2014年，短短几年就崛起为卫龙的一个重要新品类。以魔芋爽为核心的蔬菜制品成为一匹"黑马"，2020年营收达到11.7亿元，收入贡献比例从2018年的10.8%上升至2020年的28.3%，三年间销售收入有近4倍增长。2021年度，卫龙蔬菜制品业务较2020年同期增长高达43%。一个非常重要的原因是，卫龙蔬菜制品扩张了市场边界，从原先单纯的休闲食品进入了佐餐食品行业，其所具有的特色美味，已经登上了消费者的餐桌，扩展了品类的消费场景，对佐餐菜和即食酱产生了替代性，成功实现了从休闲食品到调味品行业的跨界拓展。

团餐，这是餐饮行业中一块非常重要的市场，占据整个行业的1/3左右。不同于社会化的餐饮，团餐以其封闭性具有其自身的特性，尤其是针对学校、幼儿园、企事业单位等特殊团体的食堂，在安全性上具有极高的要求。那么，安全是否就是团餐企业最核心的竞争力呢？其实不然！因为安全，对于所有团餐企业来说都是底线，如果连安全都做不到，根本没有资格参与竞争！就像一家食品企业如果连食品安全都做不到，还谈什么正常经营呢？因此，要想抓住团餐用户的心，就必须依靠菜品创新，而味道绝对是制胜的关键！

乳制品，这是一个注重营养和健康的行业，味道也许不那么重要了吧？真的是这样吗？2015年，北京冒出来一个新兴的乳业品牌——乐纯，其明星产品包括以"乐纯酸奶"为主的高蛋白滤乳清酸奶、谷物杯等健康产品，其产品理念是坚持使用真材实料，并通过极致的口味和持续创新，做出打动人心的产品。乐纯初期有一句广告语："每一口都像在舔盖儿！"这是在形容酸奶是多么醇厚，多么真材实料，和某些企业不知加了多少水的酸奶对比可谓是天上地下！仅仅如此就可以了吗？吃过乐纯酸奶的消费者可能会发现，在酸奶瓶盖中同时还有一小袋蜂蜜。给大家出个题目：这是干什么用的？这袋蜂蜜可不是没事找事放在这里的，它唯一的目的就是调味！如果没有甜味，乐纯酸奶想把市场做大是不可能的！

广州也有一家简爱酸奶，推出的也是一系列追求健康的酸奶产品，早期市场上简爱推出的酸奶只有三种配料：生牛乳、水、白砂糖。没过多久，其又推出一款酸奶产品，标签上面写道：这一次连糖也没有了！不仅连糖都没有了，连糖味儿也没有了！这款产品真的能够成为主力销量产品吗？我敢打赌不是！这款产品是一款概念产品，目的是突出简爱品牌给消费者带来的健康价值，但消费者真的会大量购买没有甜味儿的酸奶吗？

红牛，是功能饮料的代名词，一年销售额超过200亿元，其开创了中国的功能饮料市场。自2000年以来，大量的企业都推出过类似的功能饮料，但大多已经灰飞烟灭了。真的是这些产品的功效不如红牛吗？当然不是。为了突出其功效比红牛好，这些企业采用过多种更有料的内容：瓜拉纳、玛咖、人参、西洋参、灵芝等，就差号称神药了，但结局无一不以失败告终！原因很简单，不是这些产品没有功效，而是味道太差，没法喝！红牛之所以能够被消费者广泛接受，是因为它被消费者当作好喝的饮料，而不是保健食品！试问，要成为消费者爱喝的饮料，红牛的成功到底是功效的功劳还是味道的功劳？曾担任过红牛总经理的王睿说过："功能性是一把双刃剑，你不传播它不行，因为它是核心价值，但是过多地传播它就会变得特别窄，需要时才喝，不需要时不喝，但是需要的时候毕竟不是常态，只有当它成为常用饮料时，销量才能明显飞跃。"那些企业根本就没有搞明白这个消费本质！

药品和保健品不都是入口的吗，总不会味道也是最重要的吧？这是治病的药，和老百姓日常食用的产品根本就不是一回事儿！

现在大家都在追求健康化，什么零添加、减盐、零糖、零脂、有机。这些概念都是表象，骨子里还是要靠味道！

如果没有食品添加剂，那就没有现代的食品工业。很多人认为食品中应该不用或者少用添加剂，但是对整个食品工业而言，不用食品添加剂就不能工业化生产产品，也不能生产让消费者满意的产品！

如果没有食品添加剂，哪里还会有什么调味品行业呢？还上哪儿调味去啊？如果没有了添加剂和调味品，再好的食材也吃不出什么味道！

添加剂也好，调味品也好，它们的存在表明了味道对于消费者饮食的意义所在！想想看，如果没有了味道，世界将会变成怎样？

八、调味品企业的福与祸

调味品企业是有福的。

中国改革开放四十多年来，企业能够持续发展，除了白酒行业，只有调味品行业了！

福气到底在哪里？

（1）只要合法合规、保质保量，调味品企业的小日子可以过得很幸福

这个奥秘在于调味品业内人士常说的"味觉记忆"，这也使得调味品行业具有黏性强的特点。经常听很多人说："想念小时候妈妈的味道。"什么是"妈妈的味道"？就是每个人小时候对妈妈做的菜产生的深刻记忆。幸福是什么？幸福就是过了许多年以后，还是能够有机会吃到一口妈妈做的菜！

所有和吃有关的都是味道生意。只要有味道，就会留下记忆，而记忆就是给调味品企业留下的最大财富。

在调味品行业，只要企业能够守住产品的味道，守住产品的品质，基本就能基业长青。一旦某个品牌在消费者中建立了牢固的味觉记忆，基本上就相当于是把手直接伸进了消费者的钱袋子！

建立起味觉记忆的企业是很轻松的，可以靠"吃老本"过日子！老干妈，一个280g风味豆豉大单品可以销售40多亿元，而且自己也没有多少人员做市场，全靠各地的经销商，就是这近二十年来形成的牢固的"味觉记忆"！

调味品行业主要有两大市场：家庭和餐饮，其中家庭市场是"易攻难守"，而餐饮市场是"易守难攻"。原因在于餐饮市场对"味觉记忆"的要求极高，但凡餐馆里的厨师换掉，顾客立马能够尝出来，然后顾客就走掉了，所以餐馆绝不会轻易更换调味品！

有的食品行业可就没这么幸运了！比如烘焙行业，饼干、面包、蛋糕一年一小变，三年一大变，各种品牌轮流登场，但对于企业来说太难受了！在这样的行业里，企业一年到头可辛苦了，年年都要想着推出新产品，你想偷懒是不可能的，消费者可不会为你的偷懒买单。他们要的就是新品种、新口味，要不断有新的东西调动他们的胃口，如果没有，就无情

地抛弃你!

相对于这样的行业,你说调味品企业幸不幸福?恐怕睡着了都要笑醒!

(2)调味品企业可以长时间被"风口"托着

雷军说过:"在台风口,一头猪都可以飞起来!"不是这头猪有能耐,而是台风口的力量太强!

调味品行业,恰恰有不少这种"风口"!

味极鲜酱油,2005年左右,味事达靠着这款酱油迅速上位,在酱油市场中占据一席之地,过了十几年仍然保持稳定的发展态势。

火锅底料,近十年来都处于快速发展的态势,像红九九这样的老品牌,即便市场运作比较粗放,但也挡不住业绩往上蹿。

鱼调料和火锅底料相似,这些年的发展速度也很快,有全国大量的酸菜鱼餐厅撑着,给鱼调料行业带来了很好的机会,好人家由此也成了行业的领头羊。

即便是一些较为成熟的行业,一旦企业占据了一定的市场地位,便可以在较长的时间里稳稳地占据。只要企业不犯致命的错误,基本上不会操太多的心!

调味品行业的"风口"不仅有,盘旋的时间还比较长,这是受生命周期这个因素影响的。

像一个人一样,企业的发展过程存在着一个周期,通常由导入期、成长期、成熟期、衰退期几个阶段构成。生命周期延续的时间越长,意味着企业获得发展的空间越大,好日子自然就多!

有这种福气的行业并不多。

像上述的烘焙行业，很多企业刚刚火了一阵就败下阵来，大家都在抢山头，还没坐稳就被对手赶下去了，这种日子可不好过！

还有饮料行业，参与竞争者不计其数，没红的梦想着有一天一炮而红，已经红了的则期盼着还能够保持这种状态。可问题是饮料行业的"风口"神出鬼没，能抓住一个风口相当不容易，更何况还要在这个风口上坐稳！

可是调味品企业就有这个福气，究其根源，还是要感谢"味觉记忆"这个特性。调味品"风口"延续的时间长，和拥有"味觉记忆"是分不开的，而"风口"短的行业，自然没有得到"味觉记忆"的支撑！

巴菲特就说过他的致富原则是"滚雪球"，一是需要有很湿的雪，可以让雪容易粘成球；二是要有很长的坡道，可以让雪球越滚越大。这就是复利！调味品的"味觉记忆"及"风口久"正好符合"滚雪球"的特点！

20%的年营收复合增长率，是调味品企业实现持续增长并获得领先的一个重要指标，像海天、李锦记、太太乐、厨邦、老干妈等领先调味品企业，都有超过八年以上达到年复合增长20%的阶段，这意味着其营收规模不到四年就可以翻一番！

（3）调味品企业很少遇到外来捣乱者

其实，不能说调味品行业完全没有受到骚扰，2000年年初，雀巢就把中国的太太乐和豪吉收归旗下，龟甲万、味之素、亨氏、味好美等也都参与了对中国调味品企业的整合，或投资，或并购。总体上看，这些西方企业擅长的领域还是西式调料，对于中式调料并不熟悉，即便是能够通过资本手段参与进来，但通过这十几年来的竞争，基本上被本土企业打压！

外资调味品企业对于中式调料缺乏认知。调味品与饮食习惯密不可分，中国地大物博，每个地方都有口味偏好，所谓众口难调，要想找到能够让国人都习惯的口味可不是一件容易的事情。这和白酒行业的消费特性极其相似，没有外来者捣乱，就等于是国内企业说了算，也算是垄断市场，这岂不是很有福气吗？

古人云："祸兮福所倚，福兮祸所伏。"调味品企业是有福气了，但也存在一些隐患。

（1）调味品企业思维保守，故步自封

调味品企业的经营思维普遍保守，守着幸福的小日子，没有烦恼，哪里有心思自讨苦吃呢？对于一个普通的调味品企业来说，15%的利润率并不难达到，就算只有两三千万元的营业额，一年下来利润也有三四百万元。关键是，利润比较稳定，全赖于调味品的"味觉记忆"。

正因为如此，愿意创新、懂得创新的调味品企业并不多，大多数企业讲究的是"传承"。如果没有创新，企业又如何传承下去呢？目前调味品企业的重点放在产品上，但是这个产品往往只停留在"产品"本身，至于这个产品有没有满足顾客的需求，有没有创新，有没有实现差异化，这些都不是调味品企业的重点。

由此造成的一个后果就是调味品产品同质化非常严重，我们可以随便到一家卖场去看一看，有大量的品牌除了品牌名称和包装不同，产品有什么特点，和竞品存在哪些差异，根本体现不出来。怎么办呢？最终还是要使出撒手锏——价格战。通过各种手段降低价格，通过价格战抢夺市场！这就是经济学理论中的"完全竞争"状态，在产品没有差异的情况下，要增加销量、扩大市场，唯一的方法就是降低价格！

但是打价格战的结局是不好的，企业没有足够的利润，无法投入更多的研发资源，因此缺乏能给顾客带来核心价值的产品，而且品牌也缺乏影响力，不具备溢价能力，在市场竞争中极为被动！

看起来，大多调味品企业更多是靠着"惯性"开展经营，传承传统的工艺和技术惯性，再加上价格战的惯性，至于什么核心价值创新，品牌影响力打造，渠道系统运营，厂商深度合作，组织效率提升，就很少顾及。

一些调味品企业靠着自己的"味觉记忆"，在部分市场上还有一定的地位，短期内看起来没有受到太大的威胁，于是放松对自己的要求。不要忘了，"味觉记忆"不是永恒的，随着时间的推移是会改变的！

老抽和生抽以前只是广东人对酱油的叫法和使用方式，现在不是已经被全国消费者接受了吗？川味调料的"鲜香麻辣"以前只有中西部的消费者接受，现在不也是非常流行了吗？"味觉记忆"确实非常重要，但我们不能神化它，世界上唯一不变的就是变化。从长期来看，所有的事物都会发生变化，短期的不变并不能成为企业永久的护城河！

（2）调味品行业缺乏"鲶鱼效应"，只能自娱自乐，综合竞争力薄弱

没有外来者骚扰固然是一种福气，但也会产生"温水煮青蛙"效应，让企业度过了一段幸福的小日子，也大大弱化了其生存竞争的能力。相较于那些经历过外来者冲击的行业，调味品企业的竞争力是薄弱的！

笔者在多个场合说过，相较于快消食品行业，调味品企业的营销能力要落后至少十年！这绝不是夸张！在快消品行业，本土企业经历过残酷的巨头挤压，在动荡的竞争环境中历经生死，留下来的都是实打实拼出来的，由此产生出强大的生存能力和竞争能力！

与之相比，调味品企业的综合竞争能力差很远！身处于一个很好的赛道，这当然是一种福气，但要赢得长久的发展，最终依靠的是自己，自强才是真正的护城河！

近几年，不少外来巨头进入调味品行业，尤其是像益海嘉里、鲁花、新希望集团这样的粮油巨头和农牧巨头，它们既不缺钱，也不缺人才，企业综合实力很强，对调味品企业产生了很大的冲击。

当然，短期内现有的调味品企业仍有优势，同时外来者需要耗费相当的时间和精力建立基础，来加深对调味品行业的理解，暂时还不会产生根本性的威胁。但调味品企业不要掉以轻心，这正是一个难得的窗口期，可以留出五到十年的时间来提升综合竞争力。有时候，机会一旦错过就不会再来，调味品行业的好处已经令外来者垂涎欲滴，他们怎么会放过呢？调味品企业和这些外来者必有一战！

除此之外，调味品行业内部也是风雨欲来，领先的头部企业开始整合行业，业内企业的并购行为逐渐增多。随着行业的发展，部分细分行业的竞争格局已经发生了根本变化，从原有的扩容式竞争转化为挤压式竞争，比如酱油行业，仅海天一家每年新增的营业额就十几亿元，这要蚕食多少尾部企业的市场份额？

和原来相比，外来巨头和业内巨头共同成为激发行业活力的"鲇鱼"，调味品行业已经回不到过去了，这意味着过往的小日子要到头了，未来的每一步都将在艰难中度过。这是一个坏消息，但又是一个好消息，唯有竞争才能够激发企业的创造力，这个世界不存在保护弱者的壁垒，经历过磨炼的企业才有未来！

第三章

增长与发展

一、调味品行业市场增长的核心逻辑

调味品行业从2000年年初的200亿元左右，发展到当前的4000多亿元，年均复合增长率大约为15%，一个行业能取得这个速度是相当不错的！对于一个行业而言，究竟是哪些因素在推动着整个市场容量增长？企业如何做才能顺应行业的发展趋势？

笔者认为，推动一个行业市场容量持续增长的核心逻辑主要有三个因素，即产量增长、提价增长和消费增长。

（一）产量增长

德鲁克说："企业的核心任务并不是为了赚钱，而是为了创造顾客。"很多人不理解德鲁克为什么要这么说，这要从行业角度来理解，如果没有创造顾客，一个行业乃至整个社会的经济价值又如何体现呢？从微观的角度来看，企业经营是为了赚钱，但是从行业宏观的角度来看，企业经营就是为了创造顾客。

创造顾客在一定程度上讲就是无中生有的事，要做到这一点就要靠产品创新。没有苹果的创新，就没有这么庞大的智能手机群体，也就谈不上智能手机行业市场的增长；没有微软操作系统的创新，就没有如今庞大的大众电脑群体，也就谈不上个人电脑行业市场的增长……所以，推动一个行业市场容量增长的源头在于产量增长，包括现有产品和新产品，它们是行业增长的第一推动力。

具体包括以下几点：

（1）新产品推动：这是推动行业市场增长非常核心的一点

这一点很容易理解，现在我们到终端货架上去看看，调味品琳琅满目，十几年前和现在根本无法相比！

就拿酱油来说，原来全国大部分区域只是按级别划分，所谓特级、一级、二级、三级等，实质上并没有多少品种。后来随着粤式酱油在全国攻城略地，才出现了老抽和生抽，后来不断分化，出现了草菇老抽、金标生抽、蒸鱼豉油、味极鲜酱油、零添加酱油、薄盐酱油、特种酱油等细分化的产品。原来消费者的厨房中就只有一种酱油，现在则增加到2~3种，甚至更多，以应对各种针对性的烹调或佐餐需求。由此，酱油行业的市场容量便快速扩展，从2000年年初的数十亿元发展到目前的600亿元左右，如果没有这些新产品的推动，这种增长是不可能发生的。

新产品的出现，实质上是对消费需求的不断挖掘。如果能够精准挖到消费者的痛点，便能产生爆发性的需求，比如零添加酱油、味极鲜酱油、蚝油、火锅调料等市场的快速发展，都是源于这些新产品摸准了消费者的脉搏，所以新产品创新无论对企业还是行业都是第一推动力。

（2）工厂扩张推动：单纯从产量上讲，工厂数量的增加也是行业市场增长的一个重要推动力

对于供给的推动作用，就像是水库蓄水，当蓄足了水后放开闸门，便能够爆发出强大的力量。所以，工厂增长就是在给产量蓄水，当工厂拥有了充足的产能之后，便会爆发出强大的供给潜力，这股潜力会推动行业中的所有企业都要全力消化这股力量，将其转化为销量。

当然，产能增加的推动力并非任何时候都是这样，其力量最强的时候就是行业处于成长期的阶段，此时产品已被消费者接受，消费热情也被激发出来，只要供应充分，都可以顺利地消化出去。所以，整个行业市场容量扩张最迅猛的时候，基本上都处于成长阶段。

只要处于这个阶段，行业中必定会出现大量的工厂扩张。从企业角度来看，谁能够尽早完成工厂扩张，谁就可以获得更大的销售增长。海天味业就是通过持续的产能扩张，充分支撑了销售规模的快速发展。

（3）设备升级推动：在工厂不扩张的前提下，对生产设备进行创新和升级换代，也是推动产量增长的重要因素

作为一个传统行业，调味品的工业化程度也经历了从低到高的过程，而且不同细分行业还存在较大的差异。工业化程度的高低直接关系到销售规模的大小，可以说一个行业市场容量的扩张，与行业的工业化程度有着直接的对应关系。

目前调味品行业中市场容量较大的单一细分行业，其工业化程度都较高，比如酱油（600亿）、味精（300亿）、鸡精（120亿）等。而像酱腌菜这种多以传统工艺和设备为主的细分行业，其市场容量都不够大。所以，要推动行业市场容量的增长，就必须进行设备的创新，将传统的人工生产过程运用现代高科技手段转变为机械化，以此大幅提升产量，通过供应链来推动市场容量的增长。

设备升级对行业增长的推动，其实质就是效率的提升，也是生产力的提升，这本身也是产量提高的一个重要根源。

（4）新进入者推动：一个行业中现有企业的产量属于存量，而行业外新进入的企业则属于增量，这会推动整个行业产量的增长，并推动市场容量的提升

在一个行业发展的过程中，始终都伴随着业外进入和业内退出的现

象。假设其他因素不变，只要行业的净新进入者为正数，都将推动整体产量的提升，也使市场容量得到扩张。

新进入者对于行业的影响很大，会带来其他行业的思维模式，通过与现有行业的相互融合，会推动整个行业的快速发展。

比如原先火锅调料的市场容量并不大，传统的生产企业如天味、红九九等销售规模都不是很大，但是自从海底捞从餐饮行业跨界到火锅调料行业中形势就完全不一样了。凭借着在火锅餐饮行业构建的品牌影响力，海底捞从进入火锅调料行业就始终处于高速发展的状态，2014年至2022年九年营收复合增长率为41%，销售额已经高达61.5亿元。在海底捞的带动下，现在火锅调料市场容量急剧扩大，并且吸引了诸多业外企业的进入。同时，海底捞打开了火锅调料10元以上价格带的发展空间，从收入的角度提升了火锅调料的市场容量。

（二）提价增长

一个行业的市场容量既包括销量，又包括销售额，前者与产量有关，后者则与产品的价格有关。假设一个行业的销量不变，其市场容量的增长将依靠价格的提升，甚至在销量下降的情况下市场容量也能持续提升，这主要是价格提升带来的影响。如果一个行业能够同时在销量和价格两个方面获得增长，必将推动行业市场容量的快速扩张。

行业提价增长主要体现在三个方面：

（1）成本上涨推动：这是一种行业被动提价的增长方式

价格的增长起因是成本的上涨，包括生产成本、销售成本、人力成本等。这种增长主要依赖上游行业或宏观经济政策的影响，是整体性的，是客观的，是一种必然，也能够得到消费者的理解。

目前中国的人口红利消失，带来的一个普遍状况就是人工成本增加，尤其是个税和社保，这必将造成整个行业人力成本上涨，也就推动了行业市场容量的增长。近几年，部分知名调味品企业每隔2~3年涨一次价，最根本的因素就是成本上涨，由此带动了整个行业价格的提升。

（2）产品结构推动：与前者不同，这是一种主动提价的增长方式

每一个行业都存在一个平均的价位带，假设行业销量不变，市场容量的变化则直接受行业平均价位带变化的影响。除了成本上涨带动平均价位带的提升，行业领先企业通过品牌溢价也能推动平均价位带的提升，这与成本无关，而是关乎消费者的消费水平和认知。

随着行业中产品创新的不断涌现，一部分新产品会以高价方式出现，此时便会推动整个行业平均价格带的提升，由此推动行业市场容量的增长。

在酱油行业中，随着零添加酱油、有机酱油、薄盐酱油等中高端酱油产品的推出，推动整个酱油行业的平均价位带从7~8元/500ml提升到了10元以上，大幅提升了市场容量。

（3）品牌溢价推动：也是一种主动提价的增长方式

任何一个行业都存在着高、中、低三种价格带，而处于领先地位的企业大多处于高或中的价位带。除了相对较高的成本水平，也是为了体现品牌的附加价值。

这种品牌溢价之所以能够被消费者接受，是其在一定程度上降低了消费者的使用成本，包括品质、时间、便利、身份等，消费者在这个品牌上多支付了溢价，但是在其他方面却减少了支出，折算下来综合消费成本并没有增加太多，也具有更好的体验。

品牌溢价基本上都是由领先企业发起的，虽然这是一种微观的企业行

为，但是关系到行业的发展。如果一个企业能够保持品牌溢价，将是对整个行业最大的贡献，因为其带头维持了稳定而有利的价格体系，使整个行业价值链各个环节的经营者都能够获取必要的利润，从而维护了整个行业的良性发展。

（三）消费增长

从供需的相互关系来看，产品供给推动行业市场容量增长，而消费增长拉动行业市场容量增长。

消费对行业增长的影响主要包括两个方面：

（1）购买群体增加推动：购买群体的增加自然会产生更多的需求，如果能够得以满足，行业市场容量就能够实现增长。

购买群体增加的情况又分为四种：

一是人口净增长带来的购买群体增加。这种力量是行业不可控的，却是整个人类需求产生的原点。

二是人口结构变化带来的购买群体增加。这一点是相对的，只对部分行业和细分行业产生影响，比如男女比例、老少比例、新生婴儿比例、高中低收入比例、职业类型比例等；年轻人群比例增加会给复合调味料行业的销量增长带来很大影响，高收入人群比例的增加则会给行业的销售收入增长带来很大影响。

三是产品创新所创造出来的购买群体。这一点也是相对的，整个社会的总购买群体都在这里，是相对稳定的，但是能让所有人都购买的产品几乎没有。如果某个行业的某种产品能够让原先不买的人成为购买者，就等于创造了顾客。当然，如果是全新的产品，自它诞生起面对的都是新顾客。比如消费者认为味精不好，那么就将味精和其他原料复合，定义出一个全新的产品来吸引更多的顾客。鸡精、酱油两个行业就是这样，帮助消费者解决了不愿用味精但也能调鲜的问题，成功替代了味精，从而推动了这两个行业市场容量的增长。

四是新渠道业态带来的购买群体增加。不同商业形态之间的相互竞争也会推动消费者的增减，其核心问题就是便利性和体验性，哪一种业态能够让消费者便利且具有良好的消费体验，就能够吸引更多的消费者。比如连锁大卖场和超市与传统小店、生鲜超市与农贸市场、便利店与大卖场、电商与实体商业等，这些不断冒出来的新型业态，都在促进新顾客的产生。

（2）购买量和购买频率增加推动：假设购买群体不变，此时要推动市场容量增长就要考虑提高消费者的购买量和购买频率，就要依靠行业内所有企业的相互竞争来实现

购买量和购买频率的增加和产量的增加存在一定的对应关系，因为产量的增加必然会增强企业之间的竞争。不论是当前企业之间的竞争还是与新进入企业之间的竞争，没有充分的竞争就无法消化不断增加的产量。具体而言存在着以下几种竞争：

一是促销竞争。这是一个行业消费群体购买量增加的重要因素，这种竞争对于消费者增加购买和消费具有最直接的影响。现在市场上的促销方式异常丰富，特价打折、买赠、满额减、会员积分等，都在激发消费者购买更多的产品。当这种方式成为一个行业的共同行为之后，自然就提升了整个行业的市场容量。

二是覆盖面竞争。如果某种产品能够让消费者在任何渠道都能够轻松买到，就能最大化地提升消费者的购买量和购买频率。假设一个行业的产品数量不变，并且都能够同时出现在一个终端，这个行业的产品如果能够进入所有市场上的所有终端，那么必定能够带来最大化的购买量和购买频率。

这种情况在现实中并不存在，但是增加购买量的核心逻辑并不会变。所以，当行业中所有企业的产品能够不断扩大在各种渠道的覆盖面，便会大大增加消费者的购买量和频率。这很容易理解，当消费者觉得不方便或者体验不好的时候，自然会少买，如果两者不存在问题，又有什么理由不买呢？

二、"做得更好"还是"与众不同"

我们应该怎样看待企业的增长？

为什么企业做了不少事情，耗费了大量的资源和精力，但业绩始终处于有气无力的状态呢？

有的企业，产品看起来有一定的特色，在业界也有一定的知名度，但是业绩增长速度呢？每年始终一位数！企业着急，我们看着也着急！

从现实状况来看，绝大多数企业所走的增长路径属于常态化，也就是力争把各项事情做好，比如把产品品质做好、把成本控制好、把经销商找好、把铺货率不断提高、把终端促销做好，但是做好了这些事情会给企业带来多大的增长呢？从结果来看并不理想。

问题就在于"把事情做得更好"上。难道"把事情做得更好"有错吗？没有错，也是必要的，但对于要实现快速增长来说却是远远不充分的！

"把事情做得更好"是一种连续性的状态，大家都在原来的基础上通过努力做好事情来取得进步，至于进步多少，取决于企业原来的基础和资源状况。通常来说，除非有重大的突发性事件发生，否则企业基本上都是按部就班地发展。

如果只是"把事情做得更好",就意味着"奇迹"根本不会发生,诸如以弱胜强、爆发性增长、颠覆性发展等。在这种连续性发展的状态下,各种经营要素的组合始终处于量变的状态,积累再多也不会发生质变。

要实现业绩的突破性增长,企业需要从连续性的状态转变为"非连续性"状态。也就是说,不能仅仅追求把事情做好,还要追求把事情做得与众不同,如此方能打破整个竞争格局中的均衡状态,从量变实现质变!

"把事情做得更好",其中的本质体现出的是运营思维,就是通过系统化、规范化的运作,提高各个事情完成的质量。为此,企业通常比较重视内部的管理建设,尤其是团队的执行力,不少企业寄希望于提升团队执行力来实现业绩的快速增长。实际上,仅仅靠这一点是无法做到的,执行力带来的只是必要性,但却不是充分性,如果不改变经营的连续性状态,执行力再强也不会发生本质的变化!

如何才能改变连续性状态?

首先,调整一下原来的思维模式,要想如何才能"与众不同"。如果没有这种思维,我们做很多事情就会陷入同质化的状态,要实现突破性的改变是不可能的。

其次,要洞察"与众不同"可能出现在哪些要素之中,这一点是实现突破性发展的关键,这就是我们常说的"战略"要解决的问题。大量企业在这方面极其薄弱,更多是"以战术的勤奋来掩盖战略的懒惰"。之所以"懒惰",实质在于战略是一个专业活,大多数企业并不具备这种专业能力。能够掌控战略的人就是企业的老板,通常来说,老板都是通过商业直觉来谋划战略,这在过去的十几二十年中是可行的,因为市场处于成长期,产业结构不复杂,再加上老板创业初期跑市场,可以从市场掌握一手信息,因此可以敏锐地把握战略方向。但是现在的市场环境不同以往,产业结构日趋复杂，环境变化迅速，还想依赖商业直觉无异于"刻舟求剑"了！

要打破连续性状态，就要找到哪些要素可以打破其常态，做到"与众不同"。**有且只有两个因素，是产生"与众不同"的根源，由此形成"非连续性"状态，其他因素都是连续性状态下的常规要素。一是市场边界；二是核心价值**。对于前者，企业需要基于产业格局选择最佳的市场边界，这个逻辑与企业常规的思路截然不同，其并非从企业自身的微观角度思考，而是基于产业结构的中观角度来对企业战略进行逆向思考，企业可以跳出自己看自己，在产业格局中找到最有利于实现突破的战略位置。仅仅考虑企业自身，基本上很难打破连续性的状态，只有站在产业格局进行思考，才有机会实现非连续性的超常规发展。对于后者，企业要从产品视角转向用户视角，通过为用户创造独特的核心价值来构建竞争优势，这个核心价值要同时满足三个条件：真实、独特且符合认知，缺一不可。需要注意的是，核心价值是基于市场边界而提炼，两者必须一致。

再次，对这些"与众不同"的要素进行价值链重构，通过"加减乘除"来改变整个价值链的内在结构，有的环节要加强，有的环节要削弱，有的环节要增加，有的环节要减少，形成差异化的运营模式，使企业达到"非连续性"状态。在价值链重构的过程中，贯穿始终的就是产品的核心价值，价值链环节的"加减乘除"都要围绕着产品核心价值如何最大化来构建，从而实现节节贯穿，将核心价值传递到位。

最后，通过聚焦将企业的"与众不同"清晰有效地传递给用户和合作伙伴，并在市场上形成较大的声势。要使企业的战略在较短时间内产生极大的影响力，必须通过阶段性"非均衡"的状态来打破局面。所谓非均衡，就是不平均用力，要将有限的资源和精力聚焦核心环节，在短时间内形成"饱和攻击"，力出一孔，从而引爆市场，获得市场领先地位，最终构建新的"均衡"状态。这个聚焦可以包括多种要素，或产品，或渠道，或区域，或品牌，或组织，这些要素可以在不同阶段分别体现出来，形成有节奏地聚焦推动，形成多个引爆点，一举推动企业的战略破局。需要注意的是，聚焦一定要做到"饱和攻击"，否则将难以实现"非连续性"状态。所谓饱和攻击，是指在一定的时间内，利用绝对的资源优势，高密度、不间断围绕核心环节进行集中投入，以数量的优势来弥补质量的劣势，或利用数量的优势形成绝对的火力密度，在短期内引爆市场，实现对竞争对手的超越。

在调味品行业中，千禾味业就是打破连续性状态实现超常规发展的一个典范，成功地从一个原料企业转型为品牌企业，其底层逻辑就是战略在发挥作用。

千禾在进入酱油行业之时，市场中已经大牌如云，海天、厨邦、李锦记、加加、欣和、味事达、东古等品牌都有各自的竞争优势，或品类，或品牌，或渠道，或区域。千禾只是一个行业新兵，没有特别的核心能力，进入这个竞争激烈的市场可谓"凶多吉少"，但结局出人意料，千禾在酱油行业落地扎根，并取得了细分市场的领先地位。

这一切是如何发生的？原因就在于千禾成功地打破了酱油行业的"连续性"状态。

其一，重构市场边界。其时，酱油行业已经进入快速成长的阶段，在一众领先品牌的统领下，整个市场上的竞争日益激烈，此时千禾的入场，如果是沿着这些领先品牌的"连续性"状态发展，结局不言而喻，必然是"输"！在"连续性"状态下，一个新品牌只能沿着行业统治者的游戏规则参与竞争，但在巨头主导的行业中，它们已经掌握了绝对领先的优势，新品牌要做到"把事情做得更好"，其难度可想而知，最终只能跟在别人身后吃点"残羹剩饭",更遑论超常规发展!但是千禾选择了一条"非连续性"发展之路,重构了市场边界,选择了一条完全不同于领先品牌的发展路径,由此形成了鲜明的"与众不同"。千禾选择的这条路径就是"中高端健康调味品",在这个全新的市场边界中,千禾打破了行业主流品牌的"连续性"发展状态,不是延续行业传统将老抽、生抽做得更好,而是选择了全新的赛道,由此成功地避开了领先者的锋芒,形成了差异化竞争优势。

其二,提供独特核心价值。在"中高端健康调味品"的市场边界下,千禾基于酱油核心品类,推出了"零添加"酱油,并且提炼出"给家人不添加味精的健康酱油"核心价值定位,从而击中了消费者的内心,成功占据了心智,成为零添加酱油的领导品牌。在这里,千禾成功抓住了核心价值定位的精髓,零添加酱油并不是千禾开创的,但这个定位是其做到的!

其三,重构了渠道价值链。为了打破原有的"连续性"状态,千禾在渠道价值链上进行了成功重构,主要表现为两点:一是给渠道商提供了最大化的利益空间,其酱油出厂价和海天差不多,但是零售价却超过海天50%以上,这就充分调动了渠道商的积极性,弥补了企业自身在团队和经验上的薄弱。从渠道利益分配上看,千禾成功构建了"非连续性"状态。二是采用了大商合作模式,以底价与行业中的知名大商深度合作,最大化地调动了大商的积极性,利用大商的能力和资源成功打开了市场,虽然未能从中盈利,但却以此构建了品牌影响力,打造了样板市场,营造了品牌势能。

其四,战略性聚焦打造核心品类。在战略执行过程,千禾很好地做到了"聚焦"。目前为止,千禾始终围绕着"零添加"传递核心价值,这种聚焦反映在各个方面,包括品类、品牌、渠道、区域、资源等,从而在市场上为其构建了强大的品牌势能。虽然现在领先品牌都推出了零添加系列产品，但千禾仍然处于零添加的领导地位，这都是十几年来战略性聚焦产生的巨大作用。

总结一下，如果企业只想稳健发展，那么可以顺应当前的"连续性"状态，把事情做得更好就可以了。如果企业想实现超常规发展，就必须打破"连续性"状态，重构市场边界，提供独特核心价值，重组价值链，然后再聚焦实施饱和攻击，这就是战略能够为企业带来的核心价值！

三、企业实现弯道超车的六大特质

在上万家的调味品企业中，销售额超过10亿元的企业不到40家，而超过亿元的企业也不到150家，绝大多数企业只有数百万元到数千万元的销售额。

这个数据既表明当前具有较高销售规模的调味品企业数量很少，又表明具有增长潜力的企业很多，只要能够掌握企业经营的关键成功要素，就有可能获得快速发展。

在调味品行业十几年的发展过程中，我们关注到在多个行业中都存在着后来者逐步成长为领先者的企业。比如厨邦，其在2006年的销售额只有4.4亿元，至今为48.8亿元，年均复合增长率超过17%；千禾酱油，其在2011年的销售额只有9000多万元，而2022年则增长到15亿元，年均复合增长率达到33%；海底捞调味品业务，2013年的销售额只有3.1亿元，而2022年则增长到42.3亿元，年均复合增长率达到35.5%……这些企业多年前的销售额并不大,在业内的排名也不是领先的,但是后来这些企业的销售额却持续快速增长,最终实现了弯道超车,成了行业中的领先企业甚至领导者。

纵观整个调味品行业,企业要具有哪些特质才有可能实现这种逆袭超越呢?

(一)有独特的核心价值

调味品行业是一个产品同质化的行业,如果产品没有特点,或者没有提炼出独特的核心价值,要实现逆袭超越是不可能的。

比如厨邦当年提炼出来的独特概念是"晒足180天",千禾提出"不添加味精的健康酱油",乌江涪陵榨菜提出"三清三洗、三腌三榨",太太乐鸡精提出"新鲜优鲜倍鲜",家乐辣鲜露提出"辣鲜平衡、多重辣味"……

这些独特的产品定位都是后来者居上必备的特质,缺乏这一点,企业就会淹没在成千上万的品牌中,根本无法得到消费者的青睐,甚至连渠道商这一关都过不了。对于没有特色的产品,渠道商根本没有兴趣经营,企业的产品根本到达不了终端,何谈让消费者接触到呢?

所以,企业必须从自身的产品中找出独特之处,比如某一种特色、某一种原料或者某一种用途等。同时,这些特色要和消费者产生关联,并且容易被消费者认知,这样就容易被市场接受。这些具有特色的企业具备后来者居上的良好基础,若能辅以其他特质,实现弯道超车将是个大概率事件。

（二）产品品质好

有良好的产品品质，是后来者居上必备的经营基础，如果不具备这一点，企业要实现快速增长很难。

这里说的品质好，主要是从产品的理化指标而言，包括工艺、原料、感官指标（口味、气味、颜色、性状等）、营养成分（如氨基酸态氮等）等，企业必须确保自己的产品品质不低于行业中的领导者，这是一个企业得以被消费者认同和持续发展的基础。

调味品行业存在不少这样的企业，尽管销售规模不是很大，但是产品品质都不错。我们可以看到，业内领导企业也会找一些区域企业进行代工，只有具备良好产品品质的企业才能有这种合作机会。像海天、李锦记的食醋都有找山西、镇江两地的企业来代工，他们对品质的要求很高，所以这些代工企业的生产水平都不差。

除了产品品质好，企业最好具有高性价比，也就是产品品质与领导企业相近，但是零售价格较低，或者渠道利润较高，这样才能在品牌影响力较弱时获得消费者或者渠道商的认同。

需要注意的是，我们所说的品质好，一定是得到消费者广泛认同的，同时具有较高的销售额和市场覆盖面，而不仅仅是企业自己的认定。所以，品质好只是一个好产品应该具有的基础，但是要真正成为好产品，还要通过系统的市场运作才能实现。

（三）企业的核心领导有眼光和魄力

要想后来者居上，企业的核心领导绝对是个核心因素。

首先，企业核心领导必须具有前瞻性的战略眼光，能够洞察到行业的发展趋势，这样才有助于确立精准的战略。

所谓战略，就是站在未来看现在，基于未来的趋势判断现在应该做什么、怎样做，这是企业领导人的核心任务。

厨邦早在2005年就洞察到消费升级趋势对酱油行业的影响，由此提出"晒足180天"的核心价值定位，推动产品向中高端升级，并与海天进行差异化竞争，最终获得了成功；山东欣和及其上海经销商则洞察到鲜味的发展趋势，于2000年年初推出"欣和六月鲜"鲜味酱油，大力推动鲜味酱油在家庭市场的应用，实现了快速增长，并且推动了酱油市场从以老抽为主到以生抽为主的转变。

其次，企业核心领导要有魄力，眼光加上魄力就能够做到知行合一，就能够将战略有效落地，否则就会使战略流于纸面。

有时候，听到某些企业老总吹嘘自己"几年前就看到这个趋势了"，我就想反问："为什么你的企业没有抓住这个趋势呢？"所以，魄力是企业实现弯道超车的一个重要因素，领导必须敢于创新，敢于打破旧的条条框框。当然，魄力并不是蛮干，在执行过程中也是需要技巧的，必须能坚定地将新战略和新模式推行下去。企业家的魄力往往决定着一个企业的文化，有魄力的企业，团队也会有激情，行动力也会提高，这对于战略的有效落地至关重要。

（四）有一定客户及渠道基础

能够实现后来者居上的企业，还需要具备一定的客户及渠道基础，否则企业的战略将很难有效落地。

实际上，客户和渠道都是企业实现快速增长的资源保障。

所谓客户基础，指的就是企业必须拥有数十家能够认同企业的经销商，这些经销商不需要有太大的规模，但是都能认同企业的产品，并且在市场上具有多年的经营基础，能够满足企业拓展市场的基本要求。

所谓渠道基础，是指企业的产品在部分市场上已经覆盖了部分渠道，并且得到了消费者和渠道商（分销商和零售商）的认同，这利于企业后期在市场拓展上发力。

如果企业已经具备了一定的客户基础和渠道基础，一旦战略精准，又具有良好的产品品质，就可以很快在市场上取得较好的表现，那些基础较好的客户和渠道便可以成为企业的样板，为更多空白市场的拓展提供良好的借鉴。

而且，具有一定客户及渠道基础的企业，更容易打造自己的战略根据地，可以获得充足的现金流，也有助于打造具有战斗力的销售团队，并成为未来拓展空白市场的生力军。

扬名食品近几年得以快速发展，就是在川渝市场建立了牢固的根据地市场，并且打造了一个数百人的高执行力销售团队，持续推动渠道下沉，从而实现了业绩的高速增长。

（五）有一个基础的销售团队

要实现快速成长，也离不开销售团队的配备。

具有弯道超车特质的企业，必须拥有一个基础的销售团队，这个"基础"是十几名能够踏实肯干的销售人员，由此实现对多个区域市场的拓展。

这个阶段企业销售人员的核心职能是招商和维护客情关系，尽管还不能将工作重心下沉到渠道和终端，但是对于企业的客户及渠道布局的作用巨大。就拿粗放的模式来讲，按一个人负责一个省的市场拓展，十几名销售人员能拓展十几个省的市场，一个人同时开发和管理十几个经销商，这在企业发展初期是能够匹配的。

随着企业经营规模的逐渐扩大，销售人员需要同步增加，但是这十几名销售人员将成为未来销售团队发展的核心骨干，他们可以支撑起企业市场拓展的整体格局，为企业快速发展建立必要的团队基础。

（六）抓好供应链建设

供需永远是对应的，再好的销售，如果没有充足的产能供应，企业要实现弯道超车也是万万不能的。所以，企业的供应链建设是快速发展过程中极其重要的一环。

现在这么多的企业想上市发展，除了经营者利益上的考虑，一个很重要的原因就是通过融资扩大产能。加加食品在上市后逐渐被领导者拉开了距离，就是因为上市后的产能建设不及时，耽误了其核心产品原酿造的推广，制约了经营业绩的持续增长。

这里所说的供应链建设是广义的，除了建设工厂，还包括原料基地的建设，也包括对关联产业的投资、并购及合作，最终体现出来的就是充足的产能。这一点在海天、李锦记、厨邦、太太乐等领导企业的发展过程中尤为突出，在销售规模迅速增加的同时，他们也注重产能规模的配套，才推动了整个经营业绩的持续增长。

这些成功者的身上充分体现出高远的战略思维，只有将整个经营过程中的价值链进行通盘考虑，企业的持续发展才不会出现障碍。

以上六个特质全都具备的企业有可能实现弯道超车，实现后来者居上。暂时不具备这么多的特质，企业可以聚焦资源，先充分发挥已有优势，再尽快强化其他薄弱的特质，多个特质相互配合，便会爆发出阶段的增长能量。

四、企业突破成长天花板的关键

每个调味品企业在成长的过程中都会遭遇一些瓶颈问题，比如新产品研发、经销商合作、渠道建设、品牌传播、资金周转、人才欠缺等。这些问题形成了阻碍企业顺利发展的"天花板"，许多调味品企业没能突破这些"天花板"而功败垂成。

在激烈的竞争中，企业做梦都在想着如何才能走出困境，从层层叠叠的"天花板"中成功突围，但残酷的现实又告诉我们，最终得以突围的企业只是幸运的少数，问题是谁有幸成为少数中的一员呢？

（一）调味品企业普遍面临的"天花板"

（1）销量下滑或停滞

销量下滑或停滞是调味品企业遭遇"天花板"最直接的一种表现，也是企业在成长过程中遇到的"坎"。有一种说法，一般调味品企业在发展中会遇到几个坎，若按销售额衡量，分别是1亿元、3亿元、5亿元、10亿元、20亿元、50亿元、100亿元以上。目前大多数调味品企业徘徊在数百万元至5000万元之间。在突破每一个坎之前，企业往往会面临数年的徘徊期，一旦突破了这个坎，企业就可以获得几年的高速成长。

（2）产品力薄弱，产品结构不合理

产品是一个企业的生命，而调味品企业普遍遭遇的一个"天花板"就是产品力不够强。产品线长期在低端市场徘徊，盈利能力差，产品结构调整困难。这个问题绝大多数调味品企业都有，许多企业其实是在"吃老本"，靠一两个老产品支撑，其余的产品只是做样子，给企业带来的贡献微乎其微。

（3）新产品推广不成功

新产品推广一般都是企业非常重视的，但市场上的产品同质化现象日益严重，跟随模仿成风，但少有战略性的新品出现。不少调味品企业都在感叹，新品推广基本上没有成功的，都是在跟随别人，换个包装、提出一个概念、调整一下容量、增减几个品种、变动一下价格等，都没有对企业产生实质性的作用，仍然靠着老产品赚钱、盈利。

（4）渠道基础薄弱，渠道掌控力差

渠道问题是另一个容易遭遇的"天花板"。对于调味品企业而言，渠道在一定程度上比产品重要，但它们往往面临一些门槛：企业和经销商之间互相博弈、相互制约，影响发展；对商超渠道不知如何有效运作；对网络渠道如何拓展非常困惑；渠道之间的矛盾无法协调，对产品价格缺乏有效管控；缺乏强有力的新品来调动渠道的积极性；不知道如何对渠道进行精益化管理……

（5）品牌影响力弱

品牌影响力弱往往是企业发展过程中的一种痛！在调味品企业中常见的一种思想：品牌和销量不可兼得，做品牌就会影响销量，而做销量，品牌就成长不了！这无疑表明了一种态度：企业应该重销量而轻品牌！实际上，品牌影响力弱实际上会影响销量的持续增长，品牌影响力弱、形象差,对产品附加值的提升,以及向中高端消费群体的拓展造成很大的阻力,在当前原材料成本上涨、网络渠道影响力巨大的情况下,不走品牌化之路又不行,这实在是一件伤脑筋的事情!

(6)销售团队执行力弱

大多数调味品企业都会感觉自己的销售团队执行力不够,因为和一线品牌相比,自己的铺货率始终不够高,产品在终端的上架总是品种不全,终端的陈列表现始终不强,促销推广的执行始终不到位……

为此,企业老板认为,销售人员不够投入,总是站在经销商一方和企业讲条件,不肯吃苦,执行力差,积极性弱,整体作战能力弱,常常为了短期业绩而做一些对市场伤害很大的动作。实际上这与企业缺乏明确的策略思路和模式,缺乏有效的激励手段,对销售人员没有足够的指导有关。

(二)缺少系统的思考无法突破"天花板"的根源

通过大量的实践和分析,笔者发现在遭遇"天花板"困境的调味品企业中,少有企业对自己所处的境况、根源和解决之道有清晰的思路,容易陷入细枝末节中,对大局缺乏深入和清晰地把握。以某个调味品企业为例加以说明。

某调味品企业居于行业中的第三梯队,市场范围集中在五六个省,以农村市场为主,渠道主要由经销商通过批发市场辐射,销售人员十几个人,多数以出差形式开展业务,主要是和经销商建立良好的人际关系,基本没有品牌传播和推广,以渠道返利刺激作为主要销售模式。

近几年该企业就遭遇了"天花板"而无法突破:销售额始终突破不了2亿元,利润额下滑,产品线低端,品牌形象差,新产品推广不成功,销售团队执行力差，几乎调味品企业能遇到的"天花板"都遇到了！

对此，该企业陷入迷惑，尽管尝试了多种方法，连续换了若干任营销总监，但问题始终未能得到解决。

该企业销量下滑及停滞的原因，是由综合因素导致的，而这些影响因素也是互为关联的，如果不能清楚了解这些因素之间的关系，从根本上解决这个问题是不可能的。

其一，关于产品线低端的问题，产生的原因比较综合，但关键在于企业的经营思路和整体产品战略规划存在问题：

◎ 该企业在初期走的就是一条追求快速增长的道路，即销量导向。在这种经营思想的指导下，该企业采取的策略就是以低价格满足低收入者的需求，由此形成了当前低端的产品线结构。

◎ 经过多年操作，渠道成员和销售人员已经习惯了原有低价冲量的运作模式，而且在企业整体销量导向的激励政策下，对于全新产品结构带来的改变难以接受。

◎ 由于缺乏系统的产品策略规划，对于产品线的长度和宽度缺乏合理的设计，从而造成产品结构难以有效应对竞争。

其二，品牌形象差和产品线低端有关，改变这种现状的关键在于全新品牌价值的塑造及相应产品结构的调整。

◎ 该企业缺乏成功的战略新品来重塑品牌形象和认知，现有品牌没有足够的产品力支撑，在原有产品线的基础上，难以赋予品牌新的内涵。

◎ 消费者对企业现有品牌已经有了根深蒂固的看法，要改变这种认知，涉及对品牌的再定位或者重新建立新品牌。

◎ 该企业缺乏系统有效的品牌传播，品牌诉求不够准确、清晰，对品牌建设存在误区，没有充分利用终端展示形象。

其三，销售队伍执行力差，表面看起来是销售人员的原因，但根源是该企业缺乏清晰的销售模式和有效的激励。

◎ 该企业没有提炼出一套有效的销售运作模式，对销售人员缺乏策略指导，造成销售人员单兵作战，只能单纯从销量的角度来考虑。

◎ 该企业对销售人员的任务指标单纯依赖总体销量，对销售人员的业务过程缺乏管控，或者管控不到位，造成销售人员一味冲量，而对市场产生诸多副作用。

◎ 该企业对销售人员习惯采用"底薪浮动"机制，没有建立稳定的薪酬体系，在基本工资、福利待遇方面缺乏足够的保障，造成销售人员缺乏安全感，自然积极性不高。

其四，新品推广不成功在于没有做好新品上市的整体策略规划，尤其在定位和结构上缺乏战略性思考。

◎ 该企业的战略思路倾向模仿跟进，只是单纯在品名、包装、规格上变化一下，或是在原有渠道上增加一些新产品，对新品上市缺乏整体策略思考，缺乏独特的核心价值定位，无法取得消费者的充分认同，市场比较被动。

◎ 该企业对新品上市只注重如何推向市场，而没有考虑是否需要单独设立销售队伍，或者分产品设立经销商，或者建立产供销协调机制，造成新品推广过程缺乏足够保障。

◎ 该企业对新品上市的考核只注重销量而不注重市场表现，对销售人员总销量的重视超过了新产品，而且对新老产品的考核比例不合理等，从而造成新品推广不积极。

该企业要从根本上解决问题，不能仅仅从一个点上入手，必须对整个营销价值链进行调整重组，才能使企业走出困境。一个企业的成长并没有捷径，只有一些基本的经营原则，牢牢把握住这些原则底线，成功并不遥远！

（三）调味品企业的突围之道

（1）先稳住，再调整

不少调味品企业因急于走出困境而沉不住气，在缺乏系统思考的情况下轻率行动，总是寄希望于一些奇思妙招或一些大企业的高管，一旦成效不明显又频频换招换将，殊不知这种做法并不能为企业带来成功。当调味品企业面临"天花板"时，最好的方法就是先稳住当前局面，让自己的心态不走样，然后通过系统思考拿出调整方案，忌心浮气躁，做企业就是做人这个道理一点都不假！

（2）牢牢把握核心市场

不少调味品企业为了改变现状而开辟其他市场机会和收入源，往往忽视对现有核心市场的进一步巩固。实际上，在企业还无法确定未来稳定的生意来源时，不应该疏忽当前的现金流业务。尽管现实要求企业必须做出改变，但不能以忽视核心市场为代价。相反，企业必须持续巩固核心市场，将自己最擅长的发挥到极致，基于优势展开竞争，并且通过对核心市场的把握来获得稳定的现金流。

（3）守住现金流是关键

我国大多企业往往重视收入和利润，对现金流的重视程度还不足，有多少成长性的企业都是倒在了缺乏现金流的路上！谁都想搏一个机会，在这种走钢丝的情形下，稍有不慎，或宏观大势突变，企业的结局只能是——毁灭！除了对现金流业务领域的牢牢把握，赢取战略性合作也是守住未来现金流的关键所在。一方面是供应商的战略合作；另一方面是经销商和零售商的战略性合作，还有就是要控制企业扩张的规模，并且在恰当时候引入战略资本。

（4）挖掘战略业务机会

调味品企业要走出"天花板"的困境，就要具备远见和勇气，唯有如此，才能挖掘出关系企业生死存亡的战略性业务机会！所谓战略性业务机会，有的是某种业务领域，比如餐饮定制业务；有的是某类消费群体，比如商务白领人士；有的是某种品类空间，比如零添加酱油；有的是某种渠道机会，比如网络渠道；有的是某种商业模式，比如与京东新通路和阿里零售通的合作，等等。调味品企业要突围，就不能只是跟在竞争者的身后，要从把握行业趋势和竞争态势的高度出发，深入挖掘战略性业务机会，守正出奇，推动企业高速成长！

（5）充分整合资源

成功的企业必定是善于整合资源的企业。调味品企业可以整合的资源多种多样，有供应商、经销商、媒体、专业服务公司、高等院校、行业协会、银行、投资商等，不一而足，就看企业家有没有广阔的胸怀和胆识了。在当前经济环境不容乐观的情况下，企业家更要学会整合资源，有远见的企业会及时引入外部资金，还会通过战略合作交换股份，或者针对专业服务公司建立业绩分享机制，这些都是调味品企业可选的成功之道！

（6）创新商业模式

现在的竞争是模式的竞争，并非只是简单的产品竞争和渠道竞争。调味品企业必须学会从价值链的角度看待企业和竞争。如果只是僵化地守住以往的经验和做法，只会陷入经验主义的陷阱而无法自拔。只有站在整体的角度对商业模式进行创新，企业才有突破"天花板"的可能。调味品企业必须具有改变现有商业模式的勇气，对企业的战略定位、盈利模式、关键要素等进行优化组合，形成更加符合未来发展趋势的核心能力。

五、五大要素助力区域调味品企业破局突围

调味品行业中的规模化大中型企业并不多，大多是营业规模较小的区域企业，这种局面与调味品行业的特性有关：区域口味偏好差异大、制造工艺传统、产品创新不够、原料产量受限、地域较偏难以吸引人才、品牌影响力不强、经营思维传统保守、营销专业化水平不高等。看看这些因素，再想想这些区域调味品企业的现状，未来要开创一条出路真是不容易！饭要一口一口吃，仗要一场一场打，区域调味品企业要走出瓶颈并非易事。如果想要发生较大的改变，以下几点是需要全力做到的。

（一）品类创新

在传统的调味品行业中，改变不会自然发生，只有创新才能找到切入点打开局面。

创新首先必须从品类开始。若能如此，这个企业或品牌就能成为新品类的代言人，要打开市场局面就容易了。

太太乐开创出鸡精品类，从一个小企业一跃成为国内调味品行业的领导企业之一；欣和创新出"六月鲜"酱油，成功地在华东市场引领了鲜味酱油的趋势，也带动了企业的快速发展；千禾味业更是创新推出"零添加"酱油，从巨头林立的酱油市场脱颖而出，同时推动了健康酱油消费潮

流的兴起！无独有偶，名扬也是开创性地推出手工全型火锅底料，短短几年就实现了逆袭，也推动了行业的快速发展！

我们现在看到了不少成功企业或品牌，或全面，或局部，都能体现出一定程度的创新，由此给消费者带来了耳目一新的感受，再加上稳定的产品品质，自然能够赢得消费者的追捧。

要成功做到品类创新，要求区域调味品企业必须改变传统的思维理念，不要局限于传统工艺、口味与地域特色，而是要顺应主流的消费趋势。

创新只能产生在市场上、消费者中，区域调味品企业的创新来源，一定要从消费者的用途或场景中深入挖掘，而不是在产品本身。

比如对于食醋品类的创新，就不能仅仅想着陈醋、老陈醋、香醋、米醋、白醋等，而是要挖掘消费者使用食醋到底是要干什么用、做什么菜、用醋的目的是什么，现在的食醋有哪些方面不能给他们带来帮助，这样思考就容易找到创新点了。

品类创新必须通过对战略大单品的打造来实现，消费者接受一个新品类，首先体现在对核心大单品的接受，品类在消费者心智中是没有概念的，他们只会对具体的某一款产品感兴趣。比如太太乐的三鲜鸡精、老干妈的风味豆豉、海天酱油的草菇老抽和金标生抽、东古的一品鲜酱油、欣和的六月鲜酱油、李锦记的蒸鱼豉油、千禾酱油的零添加180天等，这些战略大单品的成功，推动了相应品类的发展。

区域调味品企业普遍面临的都是同质化产品，只有做到品类创新，才能借助战略大单品的力量成功突围，从而实现"鲤鱼跳龙门"的飞跃！

（二）产品组合

在实现品类创新后，区域调味品企业紧接着要做的就是顺势推出系列

化的产品组合。要知道，仅仅靠一个大单品企业是不会长久的，战略大单品也需要企业构筑一条牢固的护城河，能够满足更多消费者的细分化需求，还能够抵挡竞争对手的跟进蚕食。另外，更多系列化的产品能够与战略大单品共同形成一套完整的产品线体系，或合力，或互补，或相衬，相得益彰，从而产生最大化的竞争力。

比如天味食品旗下好人家品牌，在2010年成功推出老坛酸菜鱼调料占据品类地位后，又陆续推出青花椒鱼调料、水煮鱼调料、青花椒沸腾鱼调料、靓汤酸菜鱼调料及薄盐骨汤酸菜鱼调料，从而形成了一条非常完整的鱼调料产品线，更加巩固了好人家在鱼调料市场的龙头地位。

区域调味品企业需要强化产品的系列化组合还有一个重要原因，就是要给区域消费者提供更多的产品选择。

战略大单品只是一扇窗，可以让消费者感受到企业的精彩，但是他们绝对不会就此满足。他们会认为企业应该带来更多的选择，这样能够充分体现区域性调味品企业对消费者的亲和力。

所以，区域调味品企业一方面要丰富品类结构，进行适度的"同心圆"扩张，比如从酱油扩展到食醋、料酒、鸡精、鸡粉等，这样就将消费者常用的品类集中在一起了，让消费者有可能实现"一揽子"的采购；另一方面区域调味品企业还需要在产品品种、规格和价位带上做到系列化，争取最大化地满足不同消费者的不同需求。

相对全国性发展的领导企业而言，这种做法可以令区域调味品企业在竞争中获得一定的优势，以多打少，既有大单品的正面迎敌，又有系列化产品的"群狼战术"，有点有面，从而在市场竞争中赢得主动权。

（三）品牌打造

在打造战略大单品的过程中，区域调味品企业必须同时提升品牌的知名度和影响力，这是能否突破瓶颈的关键。

相对领先的企业，区域调味品企业存在的一个巨大问题就是对打造品牌的意愿和力度不强，它们通常认为打造品牌需要耗费太多的资金，在短时间内对销量提升或者盈利的影响不大，再加上他们一看到没有宣传品牌似乎也可以卖得不错，心里就越发不把品牌当回事儿了！

差距就是这样产生的，领导企业之所以能成为领先者，就是还在弱小的时候就具有强烈的品牌意识，一旦找到机会就不遗余力地提升品牌知名度，利用各种途径来强化品牌的影响力，最终实现了业绩的飞跃！比如加加酱油在发展初期，就敢于投入资源提升品牌知名度，"加加酱油，一瓶当作两瓶用""炒菜用加加老抽、凉拌用加加生抽"，这些耳熟能详的传播口号，不断强化品牌，推动加加成了酱油行业的领先企业之一。

笔者接触到不少具有一定基础的区域调味品企业，总体来讲，对于品牌建设的意识还不强，尽管具有一定的销量，但品牌知名度不高，也缺乏系统的品牌建设，耽误了企业的爆发性成长。

真正的竞争壁垒存在于消费者心智之中，这就是品牌的力量，也是企业获得持续竞争优势的关键。区域调味品企业要"破茧成蝶"，打造品牌是必由之路！

区域调味品企业对品牌的打造，首先要做好线下终端的品牌氛围营造，比如终端货架陈列、助销物料布置、批市及终端门头、海报张贴、堆箱陈列等，这些基础动作对于品牌建设非常重要，能潜移默化地影响消费者；其次，在此基础上，企业需要营造一定的品牌声势，包括投放媒体广告、开展事件推广活动、社会活动赞助等形式，从而将品牌推到更高的地位，引发区域大众消费者的集体关注，进而形成消费潮流，最终构建稳固的品牌地位。

（四）渠道精耕

要构建难以模仿的竞争壁垒，一定非渠道精耕莫属。在产品同质化的大环境中，区域调味品企业必须强化对渠道的精耕细作，这样才能真正构建起对手难以模仿的核心竞争力，获得持续的竞争优势。

目前能够有效掌控渠道的区域调味品企业极少，绝大部分还是采取传统的做法，把产品卖给经销商就行了，至于经销商如何拓展渠道并不关心，这种做法是无法实现突破的！把经销商合作当作渠道拓展，这是大多数区域调味品企业陷入的误区。与经销商的合作，绝不能代替企业对渠道的规划、拓展、激励和维护，如果没有企业的整体掌控和督导，仅靠经销商根本就难以实现。

渠道拓展包含四个方面：宽度、长度、密度和强度。区域调味品企业要实施渠道精耕，就是要在渠道拓展的四个维度上做到最好：渠道最广、长度最佳、密度最高、强度最大。若能如此，必将形成领先的竞争优势！一旦构建起强大的渠道运营平台，区域调味品企业更容易将产品运营成功，可以在最短时间铺到终端，可以得到最好的陈列和维护，自然也可以实现最好的销售。这种力量是运营的力量，即便是全国性企业也很难短时间内模仿跟进，这是区域调味品企业实现突破的关键要素！

（五）团队构建

这里的团队主要指营销团队，这是区域调味品企业普遍薄弱的环节，而这恰恰关系到企业能否有效地执行企业战略，包括产品运营、品牌推广、渠道精耕、客户合作等。**如果没有建立起一个专业化且执行力较强的营销团队，区域调味品企业要想实现突破也是不可能的。**不少区域调味品企业由于地理位置偏僻，往往无法吸引优秀的营销人才，只能使用本地人员逐步培养，这就难以推动企业实现快速发展。战略要做"长"，管理则要补"短"，而营销团队建设就是管理的重中之重。

营销团队包含三个方面：一是市场部团队，主要有市场总监、产品经理这两个重要职位；二是销售部团队，主要有销售总监、区域经理、KA经理三个重要职位；三是销售管理部团队，主要有销售管理部经理这个重要职位。一个企业必须同时构建其市场部、销售部和销售管理部，才算形成了一个完整的营销组织，三驾马车并驾齐驱，上下合力，才能有效地推动企业战略的落地执行。

通常来讲，区域调味品企业只有区域经理和业务代表两个职位的人员容易配置，而其他几个重要职位都普遍缺乏专业人才。对此，区域调味品企业可以采取循序渐进的方式，先把销售部和销售管理部的专业人才配置完备，让销售系统的工作高效开展起来，待具备一定营业规模之后再逐步配置市场部的主要职位，这样更有利于专业人才能力的发挥。

为了有效吸引人才，区域调味品企业需要做到几件事情：

第一，提高主要职位的薪资水平，至少要和市场薪资的平均水平接轨，这样才能吸引更多外部优秀人才的加盟，有利于区域调味品企业缩短市场拓展的时间，提高效率，以空间换时间，在最短的时间内实现突破。

第二，将营销部门搬迁到靠近工厂的地区中心城市，以形成良好的工作环境和便利的生活环境，更利于吸引外部优秀人才。表面看起来成本增加了，但是专业人才的能力和积极性也发挥得更充分，这种无形的回报更重要。

第三，要通过外部优秀人才引进来带动内部人才的提升，强化系统培训，包括营销理念、基本技能和专项技能，由此形成"空降兵"和"子弟兵"的良好结合，最终打造出高执行力的营销团队。

六、有效挖掘业绩增量的"十二字"真经

增长是企业永恒的话题，每到年终，企业关心的有两个指标：一是销售额的增长，二是利润额的增长。如果业绩增长大，企业必定兴奋不已，就连股价都会往上蹿一蹿；如果业绩增长不大甚至倒退，问题就大了，轻则大家拿不到奖金，重则高管下课，为业绩的下滑承担责任。

既然增长如此重要，如何有效挖掘企业的增量对于企业来说非常关键。这么重要的事情，许多企业却很随意地对待，基本上是哄自己开心！

（一）从现实状况看，企业实现业绩增长的做法有三种

（1）博弈法

此法较为普遍，也就是企业高层与基层销售团队之间的博弈。

采用此法，就意味着企业对于应该达到多少增长，以及如何实现增长并没有明确的路径，只是希望通过给予基层销售团队压力来实现增长。换句话说，企业高层将业绩增长的实现寄托在销售团队上。

逻辑上似乎有点问题，企业高层都不知道业绩增长如何实现，又如何指望销售团队呢？但现实就是这样，企业高层离市场远，信息滞后且不充分，除非企业老板像娃哈哈的宗庆后那样一年有200多天在市场上，否则

是难以做出增长规划的,所以只好将这个压力下移,内部博弈就产生了。

一般来说,企业高层希望业绩增长幅度大,对于业绩指标的设定也偏高,而销售团队作为直接承担业绩压力的人,为了确保自身的利益,自然不希望业绩增长指标过大,对业绩增长的规划都是徘徊在下限附近。

于是,业绩增长的指标就在高层和销售团队之间进行拉锯战,通常是在中间找到一个平衡点。压力过大,可能会将销售团队压垮,结果会更糟;如果压力不够大,企业高层也无法满意。所以,在双方期望之间找一个平衡点才能结束这场博弈。

(2)数字游戏法

此法也称作"指标分解法",就是企业高层根据自己的期望确定增长指标,然后将其一层层地硬性分解下去。

与博弈法相比,采用此法的企业较为强势,可以不太关注销售团队的感受,所以只管自己制定出指标就行。不过与博弈法相似,采用此法的企业通常对于如何实现增长的路径也不明确,只好通过将业绩指标一层层地分解给各个部门,以此表示业绩增长有了着落。

其实,这种指标分解法只不过是一场数字游戏而已,看起来年度指标分解成了季度指标、月度指标,也分解到了产品、区域和客户上,若要对指标的实现路径追根究底,发现还是没有着落。

这种方法应用起来非常简单,对企业来说似乎有种魔力,用上了就舍不得撒手,而且不少企业更是将这种方法上升到了策略规划的高度,但凡说起策略规划,想到的就是指标分解。这是一个非常大的"坑",只不过是玩数字游戏让自己宽心罢了,对实现业绩增长没有什么用处。

(3)掩耳盗铃法

就是不管最终的业绩增长能否真正达成,只要自己听不见看不见就行了。

采用此法的企业对于如何实现业绩增长也不清晰，也缺乏专业能力去深入分析和提炼，最后逼不得已干脆将业绩指标承包给某个业务部门，或者分公司，或者经销商，与其商定一个总体销售额，并制定一个基本结算价，其余的事情都交给对方，企业就轻松了——至少表面上看起来是这样。如何实现业绩增长的烦心事似乎没了，都转嫁给承包单位了。采用此法的企业并不多，但也存在。

说来说去，上述三种方法并不能给企业带来真正的价值。对企业来说，真正有价值的增长就是持续稳定地增长，而非大起大落地增长，能够做到这一点的企业可谓凤毛麟角，原因就是能够有效规划增长路径的企业很少。

那么，有没有方法呢？当然有，不过需要企业逐步构建这方面的专业能力。更重要的是，首先要树立这种意识或理念，业绩增长一定是系统规划出来的，并不是单靠分解、转嫁指标就能够实现的。作为企业高层，必须认识到业绩增长是自上而下的，要由总部来指导基层。

（二）如何确定业绩增长路径

笔者建议还是要采用"科学分析法"，总的说来就是十二个字：挖机会、明优势、定路径、配资源。

（1）挖机会

这是业绩增长的大前提，没有机会何来增长呢？

如何挖机会？需要从多个方面分别进行分析，笔者按照咨询的逻辑将其称为"结构化"，也就是先罗列出与业绩增长相关联的若干关键领域，然后从中挖掘相应的机会。

通过结构化，我们一般可以将影响业绩增长的因素界定为：消费者、产品、渠道、区域、客户、供应链及宏观政策，然后依次从这几个方面进行深入挖掘。

以消费者为例，可以从两个方面挖掘机会，即购物习惯和消费态度。前者强调客观性，企业可以从消费者的购物品种、价格带、频率来挖掘某一方面的商业机会；后者强调主观性，企业可以从消费者的认知、偏好等方面挖掘商业机会，比如消费者对增鲜、健康化、便利化的需求。

以产品为例，企业可以从品类、品种、口味、性能、规格等方面进行深入分析，看看消费者还有哪些需求没有得到充分满足，以及未来存在哪些发展趋势，这些都可以成为企业加以利用的商业机会。

以渠道为例，企业可以对所有的渠道类型进行深入分析，了解这些渠道的发展现状及趋势，以及对企业可能带来的重大机会是什么，然后从中确定出最有利的机会。

其他还有区域、客户、供应链及宏观政策等，企业都需要对潜藏于其中的机会进行深入地分析和挖掘，每一个机会对于企业来说都是一个增长点，找到了这些增长点，就意味着业绩增长有了明确的方向和可能的增长空间。

（2）明优势

确定了增长点只是一个开始，必要但不充分，因为这些增长点并不一定能被企业抓住。如果竞争对手具有更强有力的核心能力优势，这些增长点就可能被对方所得。

因此，企业需要将自己与可能的竞争对手进行对比分析，以增长点作为衡量依据，来判断自己与竞争对手的优劣势。如果企业在某个增长点上具有绝对竞争优势，那么这个增长点就是最佳的机会，必须抓住。如果没有绝对竞争优势，就要看差距到底有多大，差距不大还能进行弥补强化，或可以与竞争对手搏一搏，差距大就意味着这个增长点并不是你的机会，是对手的，还是放弃吧。

在这方面，笔者一向强调企业一定要基于自己的优势进行竞争，这个优势也包括自己不具备但是可以通过合作或整合其他资源来实现的优势，如此才能做到"先胜而后战"。所以，企业需要对每一个增长点都要进行优劣分析，以此来挖掘出真正可掌控、可实现的增长点。

（3）定路径

确定了增长点，也确定了优势，接下来要做的就是确定实现增长的路径，也就是具体的方式方法，这是当前大多数企业都缺乏的。

同样，业绩增长的路径也要与增长点相对应，将每一个增长点的实现路径规划出来。

比如消费者对于酸甜复合化口味存在机会和增长点，那么如何实现这个增长呢？这就涉及相应的产品概念、产品研发、产品结构、渠道选择、客户招商、新品上市等一系列的实施方案，有了方案就有了实现路径，业绩增长才有了实质的支撑。

鲜味酱油正处于市场爆发阶段，为了抓住这个增长点，企业就要规划出系统的鲜味酱油产品线，包括产品名、包装、规格、价格带及对应的渠道终端，这样才能将这个增长点落到实处。

某个区域市场存在机会和增长点，企业就要针对该区域制定系统的拓展策略规划，从产品、渠道、客户到团队，要有一整套实施方案。

由此可见，业绩增长的实现绝不能停留在概念或方向上，也不能单纯依靠所谓的指标分解，必须通过具体的实施路径进行转化，才能推动销售团队及客户落地执行，否则一切都是空谈！

（4）配资源

业绩增长的路径必须得到企业资源的充分配置，包括资金资源和人力资源。

所有的方案要得到有效执行都离不开资源的有效配置，而且业绩增长的幅度也与资源投入的程度直接相关！

华为能够在系统集成和高端手机领域打造出能够与国际顶尖品牌抗衡的产品，源于其在研发上的雄厚投入，华为总部大约有700多个数学家，800多个物理学家，120多个化学家，6000多位专门在基础领域的专家，6万多名工程师，再加上每年利润中的30%都投到研发领域，这才造就了世界的华为！

实力不是空谈，必须让资源与核心增长点及实施路径相配套。所以，对于业绩增长的关键实施路径，企业必须给予充足的费用支持，由此才能在计划的时间内将方案实施到位，以空间换时间，赢得最终业绩增长。

综上所述，**挖掘业绩增量绝不是一件"虚"事，而是有规律可循、有方法可依的实事**。上下博弈、指标分解、部门承包等不靠谱的方法是企业必须摒弃的，要科学化、专业化做事，让业绩的持续增长成为一个大概率事件！

七、可复制：推动业绩增长的关键

海天味业的销售业绩令人羡慕，不知道大家有没有关注到一个现象，就是其不同大区的销售额差距并不大。海天将全国大区划分为五个，即东西南北中。以2022年度的销售数据为例，其东部区域销售额为46.9亿元，南部区域销售额为46亿元，中部区域销售额为52.7亿元，北部区域销售额为62.2亿元，西部区域销售额为30亿元。除了西部和北部区域，其他三个区域之间的销售规模差距不算大，没有超过15%，较为均衡。

相较海天，加加食品各区域之间除了华东和华中区域的销售额相差不大，其他区域之间的差距非常大；而厨邦在南部区域一股独大，远远超过其他区域；千禾味业在西部、东部和北部的表现最好，但南部和中部区域占比很小。

这种现象说明了什么？不同区域销售额较为均衡与不均衡意味着什么？意味着海天在全国区域范围内比竞争对手拥有更为强大的运营能力，这种能力可以使其在多个区域获得不错的销售规模。不同的企业在某些区域可以获得相对较大的销售额，往往存在一些特定的因素或者条件。比如企业所在地的市场，自然可以得到比其他区域更多的关注和投入，而消费者普遍在情感上倾向购买本地的品牌。这种现象在区域消费属性很强的调味品行业非常普遍，有相当多的调味品企业都是以区域化作为发展的重点。

这种状况能够令企业发挥本土优势，不过也存在另一个较大的问题，就是失去了在其他更大区域获得发展的机会！海天为什么能够遥遥领先于其他企业？就是因为其覆盖的市场范围更广泛，绝大多数企业都只是一个区域性企业，海天算得上是真正意义上的全国性企业。

是什么让海天可以做到这一点？

根源是其打造出可复制的区域运营模式，这是绝大多数企业都不具备的。谁的模式具有更广泛的可复制性，谁就会获得更大的销售规模。

很多企业都非常困惑于这一点，为什么有的区域销售业绩很好，而有的区域却不行呢？这些业绩好的区域是特殊的吗？是否存在可以提炼出来并用于其他区域的规律性模式呢？

这个问题在零售行业也存在。比如伊藤洋华堂，作为日本在中国发展的零售企业，成都是其表现最突出的一个市场。不幸的是，成都也是其表现好的唯一一个市场。除了成都，伊藤洋华堂在其他市场的表现差强人意，比如北京市场。伊藤将成都市场的总经理调去北京，但结果未能改变！

很多企业也面临这种情况，甚至有的企业老总这样问笔者："您认为我们在××市场做得好的原因到底是什么呢？"这个问题可把我给问住了，这让我如何回答呢？亲历这一切的企业自己都搞不清楚，又如何指望我这个不了解详情的外人呢？不过，笔者仍然告诉他，市场做得好的因素很多，可能是因为恰好有一个产品特别符合消费者的需求，可能是利用了市场上的某一个大好机会，可能是竞争对手实力太弱或者出现了严重的失误，可能是企业采用了一种新颖的推广方式，可能是区域销售人员的执行力极其强大……总而言之，成功一定有理由，关键要看企业能否将其提炼出来。如果企业自己都搞不清楚成功到底是什么，又怎么能够将这种成功经验复制到其他区域市场呢？

诚然，每一个市场上的成功都存在一些特定的因素，但也存在着规律性原则，如果能够将其清晰地提炼出来，再针对区域特性加以适当调整，便能够大幅提高区域市场拓展的成功率。

显然，海天就是做到了这一点，才实现了在全国市场的广泛覆盖及普遍领先。笔者认为，海天可复制的区域运营模式主要体现在渠道运作上，即经销商直控终端+联盟商体系。一方面为了强化对零售终端的有效掌控，海天降低经销商的重心，将一级经销商设立到市区和县，由经销商直接对零售终端进行拓展和维护；另一方面对于经销商难以覆盖的区域或者渠道，在其下设立联盟商，连同经销商一并纳入管理体系，对空白区域或者渠道进行拓展，从而实现更广泛和更深入的覆盖。其结果就是海天在全国范围实现了最广泛的覆盖，尤其在餐饮渠道的渗透率很高，更是充分发挥了餐饮批发市场联盟商的作用，这是其他品牌都未能做到的。

目前，能够如海天这般有一套可复制营销模式的企业还很少，大多依靠销售团队的个人经验来进行市场拓展，因此经常出现的一个状况就是不同区域之间的销售业绩差异较大，最终影响了企业的持续增长。企业完全可以改变这种状况，关键是要构建一套可复制的营销模式，也就是要形成体系化和标准化的方式方法。

具体来说，可复制的营销模式主要包含以下几个方面：

（1）产品模式

产品模式的核心就是产品组合，调味品企业的产品结构较为复杂，产品种类繁多。这种情况下最容易出现的问题就是缺乏重点，尤其是产品被经销商客户挑着卖，由此造成产品在市场上非常分散，不同区域市场的核心产品往往不同，既无法做到聚焦资源，又无法形成统一的品牌形象。因此，企业必须构建"全国核心产品+区域重点产品"的产品组合模式，将有限的资源聚焦在核心产品上，而不是任由销售人员或经销商根据自己的经验选择，这将有助于企业有效强化产品的整体竞争力。

（2）渠道模式

我国市场地域广大，每个区域都有自己的商业特性，体现在渠道运营上也各不相同，因此不少调味品企业就顺着各区域的渠道特性进行销售。这固然有一定的针对性，但也存在渠道运营粗放和零散的问题。海天的渠道联盟商体系就是将原来零散的渠道运营整合成了一套统一的运营模式，在全国市场强化了渠道的核心竞争力,所以企业必须要重视这一点,看起来分散的渠道运作仍然可以从中提炼出规律性的方法。

(3)客户模式

企业与客户之间的合作,在实际过程中会受到销售人员经验的影响,因为大量的工作都要由销售人员去完成。很多时候,企业为了实现销售业绩的增长,默认销售人员仅仅从资金的角度开发客户,对于客户的选择并没有实行严格的标准,这会给市场拓展带来隐患。为了提高客户的质量,企业必须对区域市场中的客户结构、客户选择及合作模式制定明确的标准和方法,以此来规范销售人员的工作过程,加强客户合作的有效性。

(4)推广模式

推广在销售过程中更容易陷入一种零散局面,由于销售人员的认知和技能各异,在各区域市场上呈现出来的推广动作差异很大,再加上不少企业总部的推广职能也很薄弱,难以对市场一线提供专业实效的指导,要通过推广来提升业绩就更加困难了。实际上推广也有模式可循,包括陈列、生动化、导购及主题活动等,企业可以提炼出一套方法和标准进行规范,确保品牌在市场上能体现出一致的形象,更有利于对消费者心智的占据。

(5)区域模式

对区域的选择和运作,在企业的运作中通常都是粗放和零散的,由于销售人员个人的理念和专业水平高低不同,造成区域拓展的成效差异较大。实际上,区域拓展也能提炼出一套可复制的模式,诸如先中心、后外围,或者先外围、后中心,明确适用条件,指导销售人员有针对性地加以实施,由此来扭转区域拓展零散的局面。

(6)团队模式

所有的战略都需要经由团队才能得以有效执行,为了确保营销模式的高效实施，还需要设计相应的组织和团队模式。一方面职能定位要有利于关键营销活动的实施，不能缺失或者弱化；另一方面是团队配置要符合职能定位的要求，要确保相应的工作能够做到位。有了可复制的团队模式，更能确保营销模式在各区域市场的有效复制。

综上所述，企业要在竞争中成功胜出，靠的绝不是单点，而是一套可复制的模式和体系。需要注意的是，这些模式在实践中并非一成不变，有一个基本的逻辑框架，在统一模式的基础上还需要销售人员根据区域特性来加以灵活运用和调整，从而体现出商业逻辑的统一性和方法的灵活性。

第四章

产品与需求

一、营销，从需求开始

现在业界对营销的误解很深。

我只要听到有人说某某某"营销做得好，但是产品不行"，内心立刻就有一个声音冒出来反驳：这不是营销做得好，只不过是宣传推广做得好而已，如果真是营销做得好，产品一定更好！产品和营销不是脱离的，恰恰相反，好产品正是营销做得好的结果！

问题来了，到底什么是营销？按理说，我国市场经济已经发展了四十多年，营销这个概念进入我国至少有三十年，到现在许多人对营销的理解还是有偏颇？

什么"娱乐营销""微博营销""微信营销""事件营销""网络营销"等，这些是营销吗？风马牛不相及也！这些所谓的营销都只是宣传推广而已！

菲利普·科特勒这样定义营销："市场营销是企业的一种活动，旨在识别目前尚未满足的需求和欲望，估量和确定需求量的大小，选择和决定本企业能最好地为其服务的目标市场，并决定适当的产品、服务和计划，以便为目标市场服务。"而美国市场营销协会（AMA）对营销的定义则是："营销是计划和执行关于商品、服务和创意的构想、定价、促销和分销，以创造符合个人和组织目标交换的一种过程。"同时，营销学经典的4P（产品、价格、渠道、促销）理论中，旗帜鲜明地将产品放在第一位，请问何来"营销好而产品不好"？产品难道不属于营销过程的一个环节吗？

对于那些将产品与营销截然分开的说法，对于我国企业对营销的正确理解都有极大的误导，最坏的情况是把企业带到产品导向的沟里，见人就说自己的产品有多么好，结果把消费需求抛到九霄云外，再好的产品有什么用呢？

从营销的角度看，并不存在所谓的"好产品"，真正的好产品只是一个结果，是营销做得好产生的结果，意味着企业通过高效的营销行为，使消费者认可并持续购买了产品，提升了销售规模和市场份额，自然就成了畅销的好产品。如果没有被消费者接受，企业自娱自乐的好产品没有任何意义！

管理大师德鲁克说："企业有且只有两项职能：市场营销和创新。"从这句话的意思理解，营销基本上等同于企业经营，营销在企业经营中几乎就是全部，因为营销本身也需要创新。所以，营销绝不是推广，产品也好，推广也好，都是营销的一个环节。

要想让营销回归到战略层面，就必须从需求理解营销。当一个企业在说自己的产品是好产品时，并不意味着它真的理解了消费者。当你说自家的食醋品质很好的时候，可能并不知道消费者买醋是为了解决什么问题。就像早期大家都在做酱油，直到广东酱油横扫全国的时候，其他企业才知道原来消费者用老抽主要是用来上色，而生抽是用来调鲜的。消费者购买火锅底料是干吗的？可能你会说这不明摆着的，吃火锅呀！但是，有不少消费者是用火锅底料炒菜的！

看到产品本身容易，但要看到消费者需求是很难的。

首先，要明确是哪些消费者的需求。

一款调味品可以卖给家庭主妇，也可以卖给白领，还可以卖给餐饮店，你想卖给谁？如果你说都可以，是不是太贪心了？关键是消费者会买你的账吗？不同消费者的需求是不同的，要用一个产品满足所有人的需求是不可能的。即便强大如可口可乐，也要针对怕胖人群推出无糖无热量的零度可口可乐和健怡可口可乐。选择消费者也就是选择企业的市场边界，选择错了，再努力也没有用。

食盐改革已开始了一段时间，一些食盐企业表现出对品牌的重视，纷纷针对家庭消费者推出品种丰富、包装漂亮的全新产品，看起来焕然一新，仿佛食盐的春天就要来了。请注意，这种选择是跑偏了，家庭消费者现在已经不是食盐的核心群体了。一方面更多复合化的品类已经对食盐产生了替代作用，比如酱油、调味酱、下饭菜等，无论是烹饪还是佐餐，消费者用这些品类后完全可以少用盐，甚至不用盐；另一方面当前的趋势是减盐化，在这种健康潮流之下，食盐如何让消费者不断增加用盐量呢？所以，家庭消费者并不是食盐企业的最佳选择，工业客户和餐饮店，这些才是食盐的主流消费群体。

其次，是消费者的哪些需求。

选定目标消费者后，还要进一步考虑需要满足他们的哪些需求。同一个消费者可以有多种需求，要让一个产品满足所有需求是不可能的任务。同一种物理属性的产品看起来一样，但是消费者在不同场景或用途下对其的认知是完全不同的，这体现出的就是消费者的不同需求。这时候，企业必须对不同的需求作出选择，选择消费者的需求也是选择企业的市场边界，正确的选择将使企业有机会发掘蓝海市场。

比如炼乳，如果消费者将其用水进行冲调，便可以调制成一杯牛奶，在短缺经济时代就是这么使用的，那么这种需求就是营养需求；如果消费者用馒头来蘸炼乳，或者将炼乳涂抹在面包上，这就是一种佐餐需求；如果消费者将炼乳加入冰沙或者红茶中，这就是甜品或者饮料的原料需求。

所以，同一种产品形态，其体现在不同需求中的市场空间是天差地别的。不仅如此，其商业模式也会截然不同。只会做产品而不懂需求的企业面临这种情况就傻眼了，同样的产品为什么会有如此之大的销售差异呢？这就是需求效应在发生作用。企业对消费者的不同需求必须作出取舍，选择最具市场前景的需求，才能为企业的快速增长打开通道！

什么叫营销？搞清楚消费者是谁，把消费者的需求搞清楚，这就是营销。有了正确的开始，企业自然就知道应该怎样做产品了，也知道如何规划渠道和选择客户了，更知道如何进行推广了！对需求的挖掘和满足贯穿整个营销运营的价值链，需求是本质，企业需要据此创造出能够满足消费者核心需求的价值，而产品和渠道都是传递价值的载体，推广则是向消费者传播这种价值。

一边是需求，另一边是价值，中间是产品、渠道和推广，把这些串起来就是营销！

二、你做对产品了吗

做好产品，是大家都在说的一件事，也是大家普遍认为正确的一件事，但也是没有意义的一件事！世界上可能并没有真正的"好产品"，每个人看好产品的角度都不同,每个人对好产品的定义也不同,好产品的认知中可谓千人千面。

从产品本身的角度看,做出好产品并不难,难的是要做出对的产品,能够被大多数人接受的产品,绝不是一个"好产品"就可以涵盖的,只有做对了,才会出现所谓的好产品。

所谓做对的产品,简单讲就是对合适的人、合适的需求提供合适的产品。

做对的产品,并不是将重点放到产品本身,而是要深入洞察消费者的本质需求,探究能够为消费者带来什么核心价值,帮助其解决哪些重大问题,或适应于哪种消费场景。

做对的产品,产品本身只是载体,而需求和价值才是本质。唯有将需求与价值结合在一起,产品对于消费者才具有实际意义。

(一)好产品是自我思维,对的产品是顾客思维

市场上许多自称好产品的产品,或者真的是好产品的产品,往往都不是对的产品。

每年有如此多的新产品面市,但是真正能够获得成功的产品不超过10%,在90%没有成功的产品中,有不太好的产品,也有确实不错的好产品,但它们都不是对的产品。通常所说的好产品,大都只是从品质及健康等方面来说的,这样的好产品会是对的产品吗?往往不是!

当企业把关注的焦点放在品质和健康上的时候,就容易忽视消费者的本质需求,忽视消费者的心智认知,而只是一味地从自身出发来考虑问题,以为我做的是好产品就一定会得到消费者的认同,其实完全不是这回事儿。

所以，几年前有企业推出蘑菇精的时候，认为这个产品绝对是好产品，不含味精、盐和动物成分，菌菇又很健康，一定会得到消费者的认同，可实际上并没有得到广大消费者的认同。为什么呢？因为蘑菇精的鲜味远远不如鸡精，而且还贵出30%以上，这让消费者如何接受呢？

好产品不一定是对的产品，对的产品一定是好产品。关键在于有没有恰好满足了消费者的需求，只是企业自己认为的好是没用的！

（二）好产品会误导战略，对的产品才能指引战略

好产品往往只是在数量级上的变化，比如原料更好、品质更好、更健康等，**但对的产品则可以实现质量级的变化**，对传统的产品进行颠覆，开创出全新的品类。

这涉及对产品或品类的定义，也是关系到企业发展的重大战略问题。好产品只是在原有的路径上追求做得更好，但是对不对呢？这就容易出现美国学者莱维特所说的"营销短视症"，只会盯着产品本身这个狭窄的思维空间，却看不到能够带来颠覆性变化的趋势。

汽车刚出现时，大家都将其当成"怪物"，认为这种东西有什么用呢？大家还是习惯乘坐马车出行，而绝大部分的马车企业追求的也是"跑得更快的马车"，因为这样才是好产品。但是带来颠覆性的却是"汽车"，相对马车而言这并非是一个好产品，却是一个对的产品，因为其更加快速、更加便捷、更加持久，马车却做不到！所以，好产品就是"跑得更快的马车"，而对的产品是"汽车"，前者会误导企业的战略，后者才能正确指引企业。

有的味精企业不断推出鲜度更高的家庭用味精，但再鲜有什么用呢？消费者对味精的认知已经很差了，而且鸡精、鸡粉、酱油等都可以起到调

鲜的作用。为什么要用味精呢？所以，鲜度更高的"好味精"并不能挽救企业未来的命运。

十几年前鸡精重新定义了品类，它以复合化替代了味精，虽然鸡精中含有不少于35%的味精，但其已经在消费者心智中构建了一个全新的品类，这个品类给消费者带来的核心价值比味精更鲜、更健康，是对的产品，所以当年太太乐实现了超越。

（三）好产品是结果，对的产品是原因

真正的好产品不取决于企业，并不是企业单方面就可以制造出来的，能够决定是不是好产品的只有消费者。所以，**好产品只是一个结果**，能够被消费者接受的就是好产品，否则就不是好产品。

要想成为好产品，前提是做对的产品，把产品做对，就具有成为好产品的成功基因。如果没有做对，无论如何也不能成为一个好产品。

海天草菇老抽是个好产品，这是结果，原因是海天选择了老抽来进行突破，为消费者提供了"几滴就上色，久煮不怕黑"的核心价值。

厨邦特级鲜味生抽是个好产品，这是结果，原因是厨邦选择了中高档鲜味生抽来实施差异化竞争，以"晒足180天"有效地占据了消费心智。

欣和六月鲜是个好产品，这是结果，原因是欣和选择了高端鲜味酱油在华东市场实施差异化竞争，为消费者提供了高品质的高鲜酱油。

千禾零添加酱油是个好产品，这是结果，原因是千禾选择了中高端消费市场进行差异化竞争，为消费者提供了不添加味精的健康酱油。

美乐香辣酱是个好产品，这是结果，原因是美乐选择了厨师作为主要的目标对象，为中高档餐饮终端的厨师提供了高品质的香辣酱。

百利沙拉酱是个好产品,这是结果,原因是百利以中西餐厅为主要服务目标,为店主和厨师提供了最具高性价比的沙拉酱及西式餐料产品。

凤球唛番茄调味酱是个好产品,这是结果,原因是凤球唛将传统的番茄原酱创新为复合化的番茄调味酱,更好地满足了餐饮终端的多样化烹饪需求。

饭扫光是个好产品,这是结果,原因是饭扫光为消费者提供了系列化的"下饭菜",丰富了消费者的选择,满足了更多的消费场景。

……

消费者不是专家,不了解产品的原料、配方、工艺等,但是他们非常清楚产品有没有帮助自己真正解决问题,有没有满足自己的需求。不怕不识货,就怕货比货,有比较就有差距,只有对的产品才会最终在市场上留下,成为"传奇",其余的只不过是"传说"。

(四)好产品是能力,对的产品是机会

好产品的导向是自内而生的,体现出的是企业的制造能力;而对的产品是自外而成的,体现出的则是战略机会。

管理大师德鲁克说过:"成果不是来自企业内部,而是来自外部,内部的都是成本。"好产品体现的是在"对的产品"指导下,将消费者需要的产品做好的能力。没有对的产品来抓住外部的战略机会,好产品只不过是为企业增加了一堆无法变现的沉没成本!

现在调味品行业中具有生产能力的企业一抓一大把,但是能够抓住战略机会将其变现的企业少之又少。大多数企业只看到眼前的好产品,却看不到能抓住战略机会的"对的产品",所以都停留在低水平竞争,同质化产品比比皆是，到头来只有拼价格，活得苦，看不到未来！

（五）好产品是一个点，对的产品则是一个立方体

好产品体现出的思维很简单，就是一个点，而对的产品则不然，它必须要考虑方方面面，是一个立方体。

好产品只需要考虑原料、辅料、配方、工艺、设备、成本、品质等与产品自身相关的因素就行了，但是对的产品除了企业自身，还要考虑宏观政策、产业结构、消费者、竞争对手、经销商、零售商及供应商等诸多因素，综合分析内外因素之后，才能最终拿出一个方案。

企业之间的竞争根本不是在产品投到市场上之后，而是在产品产生之前就开始了，没有战略思维的企业一出手就已经败了，其后只不过是徒耗资源！

三、换个视角产品会大不一样

人的头脑很有意思，往往会发生一些选择性的认知，经过头脑的加工，同一个事物在不同人的认知中会变成截然不同的东西。若是不能理解其中之妙，我们对于一些产品突然大卖便会摸不着头脑；若是能找到其中的窍门，换个方向便能取得意想不到的成效。

众所周知的脑白金，到底是什么样的产品呢？从表面上看，脑白金就是保健品，其含有两种剂型的产品——口服液和胶囊，分别对肠胃道和睡眠具有一定的保健作用。但是大家一定会奇怪，既然是保健品，为什么在脑白金的广告中没有一句提及具有什么样的功效呢？相反，广告十几年如

一日地在反复诉求——"今年过节不收礼，收礼还收脑白金"，这是什么道理呢？道理就在于脑白金的实质是一种礼品，这也是史玉柱的高明之处。如果将脑白金定义为保健品，必然会在惨烈的红海中陷入恶性竞争，而当时的礼品市场缺乏一款值得信任且具有价值感的产品，脑白金恰到好处地填补了这个空白。从产品本身的属性看，脑白金是保健品，但是从认知的角度看，脑白金是礼品，对产品定义的不同便产生了不同的结果。

在调味品行业中，不少品类都存在这种状况。比如四川牛油火锅底料，到底是一种什么样的产品？可能有人会说："火锅底料自然就是吃火锅用的，这还用问吗？"事实上，火锅底料未必就是火锅底料！在中西部区域，消费者除了将火锅底料用于吃火锅，也用于烹饪的烧菜调料，这个比例在不少城市占到了一半甚至一半以上，比如四川、重庆、陕南、河南等市场。要知道，火锅底料的旺季是在秋冬，但是烧菜调料却是没有淡旺季的，一年四季都有需求，所以这个消费量并不比火锅底料少！一块火锅底料从物理属性上看就是火锅底料，但在部分消费者眼中也是烧菜调料，如果仅仅将其当作火锅调料，将会损失很大一块市场！

所以，从物理属性的角度来看，产品只有一种表现形态；但从认知的角度来看，产品还可以表现为其他的形态。 更重要的是，产品从不同角度看，其所具有的市场空间和发展前景是完全不同的。对于企业而言这就是一种重要的战略选择，选择不同定义的品类，就意味着选择了不同的市场空间。选择正确，企业完全可以实现爆发性的增长；选择如有偏差，便会制约企业的发展。

这个法则在凉茶品类上的体现可谓淋漓尽致。一方水土养一方人，凉茶就属于这样的品类。长期以来流行于广东，帮助当地的老百姓抵御湿热暑气的侵害。在当地人的心目中，凉茶就是一种药饮，所以当地的习惯饮法就是直接熬制饮用，和喝中药没有多大的差异。这在广东非常普遍，但是要让外地的消费者饮用几乎不可能，谁愿意没事喝中药？从商业的角度看，广东当地的凉茶企业基本上都将其当作药饮来经营，拥有王老吉品牌的广药集团也不例外，这样做的结果就是其市场规模始终不大。情况发生变化在于广药集团将王老吉品牌授权给加多宝使用之后，通过在温州市场的成功运作，加多宝发现当地消费者饮用凉茶的场合大多是在餐饮场所，其针对的场景便是吃火锅、吃川菜、湘菜等。

由此，加多宝聘请的专业顾问公司洞察出消费者对于凉茶的清热功能尤其看重，为了扩展凉茶的市场空间，做出了这样的战略决策：

第一，王老吉凉茶应在饮料市场展开竞争。

第二，品类要定义为"预防上火的饮料"。

第三，核心价值诉求为"怕上火喝王老吉"。

这个战略决策的关键就在于从消费者的角度重新定义了凉茶，从表面上看王老吉还是凉茶，但是其已经不是药饮了，而是大众化的饮料。只有这样，才能让其他区域的消费者接受。所以，通过对凉茶品类的重新定义，加多宝获得了巨大成功，并直接推动了凉茶品类市场规模的飙升；那些仍然固守于传统凉茶定义的品牌，只能在广东区域生存。

在调味品行业里，像这样重新定义品类的例子也不少。

比如酱油，现在我们发现已经有很多区域的消费者不再把酱油叫作"酱油"了，而是老抽、生抽或者蒸鱼豉油，这就是对酱油品类的重新定义。早期酱油并没有分得这么细，传统的叫法就是"酱油"。从消费的角度看，这种定义存在着一个问题，就是没有将酱油的使用方法进行区分。由于粤菜的特性，广东地区消费者对于酱油的使用方法较其他区域更为细致，他们会在黄豆经过一段时间发酵后进行抽取，抽出来的油就叫作"生抽"，然后在此基础上加入焦糖色就成了"老抽"。生抽主要用于给菜肴增鲜，比如蒸鱼，而老抽用于给菜肴上色，比如红烧的菜肴。这样一来，广东地区就重新定义了"酱油"，通过李锦记、海天、厨邦、东古等企业在全国市场的大力推广，各地消费者逐渐接受了酱油的新定义：老抽和生抽。这样就大大提升了酱油品类的市场空间，目前其市场容量在600亿元左右，属于规模最大的调味品品类。

除了这种，有的企业还会根据菜式的特性重新定义，李锦记蒸鱼豉油就是成功的案例。刚开始，很多消费者看到李锦记蒸鱼豉油时根本就不知道这是什么东西，但是看到产品中有"蒸鱼"两个字，便知道这个产品跟蒸鱼有关。实际上，"豉油"就是酱油，这也是广东地区对酱油的传统叫法，为了与其他的酱油品牌相区隔，并有效引导消费者的使用，李锦记便推出了这款重新定义的酱油。区别于上色与调鲜，经过李锦记的重新定义，这款产品和蒸鱼这道菜肴产生了直接关联，由此扩展了酱油的市场空间。

酱油企业对于酱油的重新定义，成功的关键就是基于消费者的需求或认知，而不是仅仅局限在原有的物理属性上。这或许是一种巧合，广东地区消费者对酱油的认知就是从需求出发的，所以成就了今天的广东调味品巨头，其成功的案例对于整个调味品行业的发展都有着非常重要的借鉴意义。目前川菜调味料的群体性崛起也正是重现这一点，完全基于川菜在烹饪上的应用为核心，其指向都在于帮助消费者如何轻松地做出一道好口味的川菜。长此以往，川菜在餐饮中的渗透力也将逐渐转移到全国各地的家庭消费，这个前景是非常可观的！

因此，**要取得市场规模的快速突破，基于消费需求重新定义品类是极其关键的一步**。从战略的角度看，对品类的定义就是要搞明白"我是谁"，每个品牌都要清楚地向目标顾客阐明这一点，这就是占据消费者心智的有效方式，否则消费者根本就不知道你到底是做什么的？消费者的购物规律就是以品类为基础进行选择，每个消费者都有一个购物清单，也就是由若干品类构成，如果企业定义的品类在这个购物清单中，并且品牌和相应的品类能形成直接的关联，甚至等同于这个品类，那么就能成为消费者的首选。

要做到符合消费需求来定义品类，关键就是要洞察用途。找到产品能够帮助消费者解决问题的核心点，然后将其提炼出来，直接以这个特点来定义品类，这样就能做到符合消费者的现有认知，也就容易被其接受。重新定义品类绝不能是企业一厢情愿，必须要和消费者的已有认知相匹配，否则就会陷入"教育消费者"的尴尬境地！

重新定义品类的本质就是开发市场，其目的是挖掘出更多的"非顾客"，从而使企业脱离同质化的红海竞争，换一个市场空间来获得领先的竞争优势。

四、价值，就是帮助顾客完成重要任务

把产品做好比什么都重要，这是近年来企业常挂在嘴边的！

事实上，许多产品做得不错的企业，并没有如愿获得想象的成功！笔者从事咨询的十几个年头中，有超过100家的企业老板都信誓旦旦地说："我们的产品绝对好，每个人用了都说好！"有老板对我说："这个虫草饮

料一天最多喝两瓶，喝多了会流鼻血！"还有老板对我说："这个产品会让人吃了之后忍不住还想吃！"这两家企业还在艰难度日！

有几个问题我始终没有搞明白，这个产品好到底是从哪个角度来说的？这么多企业老板对自己产品的信心到底是从哪里来的？这个好产品到底是你自己认为的还是消费者认为的？

所谓"把产品做好比什么都重要"，是将产品当成终点了，实际上产品只是起点。产品只是产品而已，它并不能代表能为消费者带来了价值。广东的一个老字号酱油企业，有好几百年历史了，是典型粤式酱油的代表，其某款生抽从产品的各项指标来看都很好，但消费者使用之后就是认为"太咸"，这能说是一个好产品吗？

许多企业都将产品当作目的，搞错了，产品绝不是目的，它只是一个手段。这么说对于一些产品至上的企业来说很难接受，但这就是事实，产品只是载体，是消费者满足需求、实现价值的一个载体。美国广告大师爱玛·赫伊拉曾说："不要卖牛排，而要卖烤牛排的嗞嗞声。"《营销想象力》的作者莱维特教授也说过："人们要的不是钉子，而是墙上的孔。"

试看这两个诉求，"这款老抽品质最好，色泽鲜艳、酱香突出、滋味鲜美醇厚、鲜咸甜适口" VS "几滴就上色，久煮不变黑"。请问消费者会如何选择？前者是大多数酱油品牌通用的诉求，后者是海天草菇老抽的诉求，大家明白差异在哪里了吗？前者只是诉求产品本身的特性而已，与消费者有什么关系吗？没有。而海天草菇老抽直指消费者使用老抽要实现的最核心价值，就是使菜肴容易上色好看不变黑，其着眼点不在于产品，而在于消费者使用后的结果。

所以，创新大师克莱顿·克里斯坦森说：**"消费者购买产品的根本目的就是为了完成一项任务。"**他在《创新者的解答》中举了一个奶昔的例子：通常奶昔经营者关注的重点就是如何把奶昔做得更香、增加味道、提高品质及降低价格等，但产品的改进并没有显著地增加产品的销量和利润。真实的情况是，这并不是消费者关注的重点，消费者购买奶昔是为了"消磨时光"。原来的做法完全找错了方向，而一个错误的方向无法得出一个正确的答案！

这才是症结，"把产品做好比什么都重要"错在没有将焦点放在消费者身上，没有从消费者要利用产品去完成一项什么样的重要任务上。德鲁克告诉我们，一定要问正确的问题，问题错了，后面的解答就全错了。

酱油发展就是一个不断扩展消费者任务的过程。早期的酱油并没有这样做，但是后来从沿用粤式酱油对老抽和生抽的叫法就开始界定任务了，老抽用来上色，生抽用来调鲜，再后来更是与烹饪某道菜肴有关，由此出现了李锦记蒸鱼豉油和加加面条鲜。这种关注消费者任务的做法完全是对传统酱油品类的颠覆性革新，由此大大提高了整个行业的市场容量。

食醋品类作为渗透率较高的一个调味品类，却没有获得更大的市场容量，根源就是整个行业未能从消费者的需求上进行深度思考。从产品的角度看，现在主流的食醋仅仅是突出产品自身的特点，陈醋、老陈醋、山西老陈醋、香醋、镇江香醋、白醋、米醋等，消费者需求在哪里呢？当然，现在也有饺子醋、蟹醋、凉拌醋这样能够体现消费者需求的产品，但还不是主流，也没有成为醋企的核心产品，自然也就无法有效影响消费者，最终导致整个食醋行业的市场容量未能打开。

为什么不少企业都接受了"把产品做好比什么都重要"这种说法？他们在用战术的勤奋来掩盖战略的懒惰。因为没有意识且缺乏专业去洞察消费者需要完成的抽象任务，所以只能自欺欺人地将希望寄托在把产品做好上。这相对来说容易得多，有明确的产品标准、产品工艺和设备，也有别人家的产品可以参考，也可以请专业院校及研究机构提供帮助，这一切都很明确、很具象，所以最容易接受。

产品本身不会产生机会，顾客任务则能够！德鲁克告诉我们，所有的经营成果都在外部，也就是市场，产生于内部的都是成本。也就是说，产品产生的价值才是成果，而产品本身只是成本。仅仅从产品本身来看，你怎么知道它会得到顾客的认可呢？从这个角度入手，不就是"先战而后求胜"了吗？怪不得成功产品产生的概率那么低！当我们深入思考顾客到底有哪些需要完成的任务时，机会就已经蕴含其中了。正确的逻辑一定是需求在先，产品在后，这样做才能实现"先胜而后求战"，可惜很多企业都把这个逻辑搞反了。在我十几年的咨询生涯中，接触过的"产品在先、需求在后"的企业不下50家！

在产品同质化的环境中，不懂顾客只知道做好产品，成功的概率会很低！**真正的好产品必须给消费者提供一个清晰的理由：我到底能够帮助你完成什么重要任务，而且必须只能用一句话**。用这个标准衡量，恐怕绝大多数企业的产品都不合格。很多企业都能够说出自己产品的若干优点，原料、配方、工艺、营养、品质、环境、性价比等等，跟消费者没半点关系！

有那么多的生抽，为什么一定要买你的？有那么多的陈醋，为什么一定要买你的？有那么多的辣酱，为什么一定要买你的？有那么多的料酒，为什么要买你的？你们说了一大堆，到底能够给我带来什么帮助？从产品的意义看，当前大部分产品都不能吸引消费者，对企业销售产生贡献的，更多是依靠渠道，这里只能买到这几个产品，消费者只能从中选择，用得不错就持续用。在这种状况下，即便是产品卖得不错，企业也不知道到底是为什么！

关注顾客任务的意义在于挖掘非顾客，也就是现在还没有产生消费的新顾客。以前常说的一个小故事，一个推销员到一个岛上推销鞋子，发现当地居民都光着脚丫，不穿鞋子，于是就回去报告说这里没有机会，这种逻辑完全错误。如果大家都穿鞋子，增长的机会就不大，只有存在没有消费的非顾客，才是一片巨大的蓝海。这种机会只有从洞察顾客来提炼。还有一个故事能说明这一点，就是如何将梳子卖给和尚。如果从产品的角度看，根本就不存在这种机会，但是要从顾客完成的任务来洞察，至少存在三种机会：疏通头皮血脉、帮助香客梳头、开光之后做纪念。这种脑洞来自顾客需求而非产品自身。

鸡粉如何提升市场容量？现在鸡味调味料主要存在三种品类：鸡精、鸡粉和鸡汁。其中，鸡精和鸡粉的形态差不多，都是固体粉末或晶体状。鸡粉的市场容量要远远小于鸡精，如何才能加以提升呢？解决这个问题的关键就是想一想顾客用鸡精来完成什么任务，鸡粉又是来完成什么任务。实际上，许多顾客根本就分不清鸡精和鸡粉的区别，也搞不清什么情况下应该用鸡精，什么情况下又该用鸡粉。所以，企业应该巧妙地进行引导。这里讲一个我们的结论，消费者使用鸡粉要完成的重要任务就是使菜肴"鸡肉原香更浓更持久且耐蒸煮"，这是鸡精做不到的，因为鸡精中的鸡肉成分很少，其功能主要在于提鲜而非增香，只有从任务入手才有可能使鸡粉逆袭，实现增长。目前大部分鸡粉企业都是从鸡粉的品质、原料、工艺等方面进行诉求，可消费者仍然不明白为什么要使用鸡粉，这就是整个鸡粉品类市场容量始终做不大的根源！

越是具象的就越有局限，越是抽象的就越是本质。产品是前者，价值就是后者，而价值就是要帮助顾客完成的重要任务。企业真的需要多做一些抽象思考，这样才能把产品做成功！

五、复合调料，不要不把基础调料当回事儿

复合调料现在已然成了调味品行业的一个大风口，大量企业都在进入这个赛道，一时间硝烟弥漫，颇有点"得复合调料者得天下"的感觉！

按照大家直观的理解，复合调料的好处就是"简单便捷"。在大家的眼中，基础调料太麻烦了，还考验着每个人的厨艺技能，这似乎是在和未来趋势"作对"！

大家普遍认为复合调料具有巨大的前景，其基本逻辑是这样的：

- 未来的主流人群一定是懒宅化的。
- 年轻人越来越不懂如何做菜了。
- 忙碌的工作减少了做菜的时间。
- 城市通勤时间长，导致没有时间和精力做菜。
- 餐饮连锁化和工业化的拉动。

这么一想，复合调料真是个好东西，像这样的好东西，岂不是人见人爱、花见花开？

按照这个逻辑，基础调料未来很有可能被复合调料替代，但这是必然吗？

按逻辑来推理似乎应该是这样的，但令人困惑是，这样的现象并没有发生啊？现在市面上的复合调料多种多样，火锅调料、鱼调料、小龙虾调料、干锅调料、麻婆豆腐调料、回锅肉调料、红烧肉调料、小炒肉调料、京酱肉

丝调料、红焖羊肉调料、大盘鸡调料等，这对于消费者做一道家常菜来说，应该没问题，可为什么这些复合调料没有大量占据消费者的厨房呢？

我想，最大的原因可能是基础调料的问题复合调料也没能解决。

(一) 复合调料做出来的菜不好吃

普通消费者对基础调料的运用虽然不太专业，但它有一个优点，就是可以通过不断试错找到一个最恰当的做法。菜太咸了，下次就把盐或者酱油放少点；菜太淡了，下次就多放点盐或酱油。这并不难，多试几次就能找到窍门。

但是一袋复合调料是已经做好的，也是定量的，是一种标准化的调料产品，但是使用这种标准化调料的消费者千差万别，这种标准化又如何满足大家的不同需求呢？同一种复合调料，可能有人觉得咸了，有人觉得淡了，有人觉得辣了，有人觉得不辣。同一种味道，不同地区的人有着截然不同的评判标准。所以，一袋标准化复合调料做出来的菜，大概率是无法让大家都满意的，这就意味着复合调料的产品存在先天性的缺陷。如果有不少消费者认为这款复合调料不好吃，那它基本上就废掉了，消费者不会勉强自己去接受这袋调料！但是对于基础调料来说，做出来的菜不好吃，消费者一般不会认为是这些调料不好，而是认为自己的厨艺不精，所以他会要求自己不断提升厨艺，而不是迁怒这些基础调料，因为基础调料本身就没有承载着这种期望！

(二) 复合调料能满足的口味有限

复合调料可以理解为将某类消费者习惯的口味定型化，其市场规模取决于这类口味是否具有足够的适应性。适应性广，其市场容量就大，否则就小。比如红焖羊肉，这道菜可能在西北地区非常受欢迎，可是到了南方地区就未必，很多消费者家里平常根本不会吃这道菜，要吃也只是在秋冬季偶尔到餐馆吃一两顿，这种复合调料的市场空间就有限。以此类推，对于品种口味众多的复合调料来说，每一种都来源于某一个地方的某一类菜式，如果离开了这个地方，就很少有大量消费；而要让更多的区域都适应，就要花费很长的时间。就像四川火锅和川菜，它们能够有今天的兴盛，靠的就是这二三十年在全国市场不断耕耘的结果，因此火锅调料、酸菜鱼调料就受到了各地消费者的普遍接受，而其他菜系就没有这么幸运了！

在复合调料中呈现出这样的特点：产品众多，但是非常碎片化，绝大部分产品的市场规模有限。从经济学的角度看，这是缺乏规模效应和范围效应的体现。这就是在众多的复合调料中，目前只有火锅调料和鱼调料具有较大市场规模的原因，在川菜调料中，类似麻婆豆腐、回锅肉、鱼香肉丝、香肠腊肉这样的复合调料产品，其市场规模仍然不大。

（三）复合调料做菜也比较麻烦，成本还会增加

现在大家对复合调料感到乐观，通常都是简单地从一两个产品来考虑，如果将这些产品扩大到整个范围，情况就完全不同了。要让少数几个复合调料做到满足消费者的口味是有可能的，但是全部复合调料都满足消费者的口味这是完全不可能的！有哪个企业能够对全国各地的消费者口味都能掌握清楚呢？原本是消费者自行用基础调料来调节自己的口味偏好，但作为已经成型的复合调料来说，这种可能性已经丧失了，一旦复合调料不符合消费者的口味，就必然以失败告终。消费者要么舍弃这个复合调料，要么用基础调料重新加工，这样一来复合调料的价值必然大打折扣！

我们假设一下，复合调料（注：特指那种无须再添加其他调料可以直

接一料成菜的全复合调料）已经完全替代了基础调料，那会是什么样的状况？我国地域广阔，消费偏好突出，原来每个地方的消费者都是通过基础调料的灵活组合来满足各自的饮食偏好，但是现在没有这种可能了，大家能用的都是复合调料了。按理说应该方便多了，想吃什么菜就买什么调料，直接放进去操作一番就行了。

但另一个问题来了，要满足消费者对众多菜式的需求，就意味着消费者需要大量的复合调料，再加上各个区域的差异，这个复合调料的数量还要增加数十倍！

现在消费者的厨房中只需要放上几瓶酱油、食醋、料酒、辣酱、鸡精、花椒、辣椒等就可以了，可为了每天变化的烹饪需求，岂不是厨房里要放数不清的复合调料？有人说，不用放，直接到超市买不就行了吗？花在路途中和购物的时间不就增加了吗？要那么多的复合调料，超市中哪有那么多的地方放置呢？这种情况下，估计复合调料的产品数量会爆发性增长，但是绝大多数产品的市场规模都不大，会导致企业生产成本和销售成本增加，产量有限，而且价格很高，供需之间常常掉链子。还有一个问题，原来消费者花在调味品上的钱并不多，都是通过几种基础调料搭配出来的，但是原来由基础调料组合出来的味道现在都演变成了一个个独立的产品，价格就会发生翻天覆地的变化，原来一顿饭用到的调料就10元，现在则要增加数倍，这不是消费者愿意承受的。

事实上，复合调料有一条长长的尾巴，真正具有较大市场规模的品类并不多，绝大部分都是细分化的小品类，这其实是符合客观规律的！

（四）复合调料也许能解决部分专业化的问题，但解决不了做菜耗时的问题

准备食材和收拾厨房在烹饪过程中占据了较多的时间，放调料的时间

并不多。如果说消费者因为"懒"或者"时间不够"而不做菜，那么影响的就不只是基础调料，复合调料同样会受到影响。连菜都不做了，还管你是基础调料还是复合调料？如果最后真的是这种局面，那么调味品在家庭中就会消失，调味品只会隐藏在其他形态的饮食种类中而被消费，如出外就餐、外卖、预制菜（包含速冻调理食品、罐头食品等）、食品工业等。

但是，这种状况真的会发生吗？我想不会！做菜耗时的问题绝不是令调味品在家庭中消失的原因，调味品为消费者带来的不仅仅是烹饪这种功能性的作用，还有亲情、兴趣、乐趣和一定的社交性，这种人类特有的社会属性是绝不会消亡的，这就决定了调味品绝不会在家庭中消失！

这几年，电商直播在推荐各种各样的菜谱和调味品，极大地激发了年轻人的烹饪热情，疫情期间就更不用说了。所以，我们在分析复合调料与基础调料的关系时，重点不在省时而是在烹饪的口味上。在这方面，基础调料和复合调料各有优劣，复合调料能够真正替代基础调料的只是一小部分，这就意味着家庭厨房中基础调料和复合调料会共存，这是一种更符合现实逻辑的状况！

不知道大家想过没有，**复合调料的优势，也许正是它的劣势！而基础调料的劣势，同时也是它的优势！调料越复合，就越有局限性；调料越基础，就越有广泛性！**

复合调料实际上是给自己套上了一个紧箍咒，给消费者塑造了一个极高的期望，然后逼着自己去满足这个期望。但是这个难度太大了，非不为也，而是难为也！要将每个消费者的个性化调味需求融入这种标准化产品中，本身就是不可能的任务。

这就注定了一个结果：**复合调料只能是细分化需求的产物！**在这种逻辑之下，复合调料与基础调料的关系就不是现在我们通常认为的替代关系，而是补充关系，是消费者用基础调料无法满足需求情况下的一种辅助或者补充。

这个世界是丰富多彩的，复合调料当然有其生存发展的必然逻辑！尤其是消费者在外吃一顿饭，发现某道菜非常好吃，也有回家学着做的冲动，如果这时候发现能买到复合调料，肯定先买回来尝个新鲜。所以，如果能够将大众普遍接受的、主流的、餐馆中流行的菜式做成复合调料，必然会受到消费者的欢迎。但是，这并不等于复合调料就可以完全替代基础调料！

从发展的角度看，基础调料和复合调料也会不断融合，也就是大众化和个性化产生融合，由此产生更多的新品类。一方面在基础调料之下融入其他调料，让产品更具复合属性，以满足消费者的特定需求，从而提升了基础调料的针对性，比如基础调料中的蒸鱼豉油、红烧酱油、饺子醋等；另一方面是对某些复合调料不断强化其共性，让更多区域的消费者都可以接受，从而将其转化为一种基础调料，跳出原有的局限性，比如复合调料中的鸡精鸡粉、豆豉辣酱、牛油火锅底料等。为什么以红九九、大红袍为代表的传统牛油火锅底料能够拥有较大的市场规模，就是因为其已经不是简单的火锅底料了，而是变成了一种能被广泛应用的"复合烧菜料"，具备了基础调料的特征，尤其在北方市场被众多的中小餐馆青睐，因为这样一来一个普通厨师也能做出地道的川菜！

从这个角度看复合调料，其终局就是基础调料。如果复合调料最终不能成为基础调料，就意味着市场面太窄，缺乏规模效应，在大众消费市场是不会有前途的！

至于一些餐调定制企业拥有数千个SKU，那就是另一回事儿了，这种大客户定制的商业模式，相较于大众消费市场是完全不同的。不过餐调定制总体上也存在长尾效应，虽然SKU数量众多，但从品类数量上看，还是有限度的。经济学中存在规模经济和范围经济，其中的规律就是"边际报酬递减"，这意味着企业经营的品类和规模都有边界，不可能无限制增加！

其实，现在喧嚣一时的预制菜和复合调料的发展逻辑都是一样的，这就是预制菜目前主要集中在B端市场的原因，要发展到大众消费市场，其要经历的时间很长，而且最终只有少部分主流品类可以存活下来，这同样是由规模经济和范围经济的规律决定！

复合调料，千万不要不把基础调料当回事儿，认清自己的边界才是生存之道！

六、选对品类是做好复合调味品的关键

（一）复合调味品是必然的主流趋势

现在大家都非常看好复合调味品，其实这是必然的。原因有两个：一是更加多样化的选择；二是提高烹饪效率。在单一调味品时代，消费者接触到的只是盐、糖、醋、味精、辣椒、花椒这样的产品，每一种口味都是单一的，咸就是咸，甜就是甜，酸就是酸，辣就是辣，要想吃到多样化的口味，就需要自己用各种单一调味品来调配。这就是一件很有技术难度的事情了，如果消费者想要品尝到更多更好的口味，家里面就得备上数不清的各种瓶子、罐子、袋子，然后在烹饪过程中还要手忙脚乱地添加各种调味品，做出一道菜确实不容易！

我们习惯的只是盐少许、糖少量、酱油一勺、醋半勺等。面对那么多的单一调味品，这么含糊的使用量标准怎么做到最恰当的口味配比呢？所以才产生了厨师这个伟大的职业，大家都要经过长时间的训练和师父传承才能做出令人满意的口味。但是一般的家庭主妇就很麻烦了，根本掌握不了这种技巧，只能在实践中慢慢摸索。即便是厨师，也会面临烹调水平参差不齐的问题，尤其是中小餐饮，缺乏专业化的厨师。一旦某个大厨跳槽，菜品的口味立刻发生变化，消费者感觉味道变了就立马走人，很多餐馆就是因为这个导致生意下滑。所以，复合调味品的诞生，可以很容易地帮助消费者做出一道美味的菜品，而且口味更丰富，烹饪过程更简单，效率也提升了，这肯定是社会发展的必然趋势。其实，现在许多调味品品类已经复合化了，即便是酱油也不再是单一调味品了，因为里面含有味精、食用盐和糖，现在流行的高鲜酱油可以完全替代味精和食盐，所以调味品的复合化在我国已经成为一种主流。

（二）复合调味品是一个不断细分成长的过程

多个单一调味品的组合可以形成多种复合调味品，而多种复合调味品之间通过排列组合还可以形成更加多样化的复合调味品，就这样复合再复合，产生的复合调味品就更多了！所以，在整个复合调味品的发展过程中，始终处于"融合—分化"的过程，原先较为单一的调味品复合成了新的品类，而新的品类又通过复合分化成更多样化的品类，就这样分分合合，给复合调味品市场带来了极大的活力！

复合调味品不断融合分化的过程，实际上反映了消费需求不断细分的过程。市场经济的最大特点，就是要围绕消费者需求的变化而变化，上了年纪的消费者都是沿袭传统的消费习惯，采用单一的调味品烹饪菜肴，但是年轻的消费者面临的是互联网时代，他们生活在物质极大化和丰富化的环境，生活习惯和消费理念已经发生了极大的变化，原有的烹饪经验已经不能充分满足他们的需求。此时，消费者需要的是能够更加便捷化满足其烹饪菜肴的调味品，即便是没有多少烹饪经验，也能通过调味品做出一道味道不错的菜品，这种需求推动了复合调味品的蓬勃发展。

另外，大量的中小餐馆也对复合调味品产生了更大更多的需求，要知道餐馆吸引消费者的主要是味道，但是那些中小餐馆的厨师并没有强大的研发能力。在这种状况下，复合调味品企业就充当了这些餐馆的研发部门，给它们提供了足够多的产品烹饪菜肴。比如现在四川火锅底料的发展态势很好，但是火锅底料并不都是被用户买去吃火锅，有相当一部分是被中小餐馆的厨师买回去做烧菜调料，因为火锅底料的配料非常丰富，要调配出这种味道并不容易，而且成本较高，与其自己做，还不如直接购买火锅底料烧菜。

随着复合调味品的不断发展，有的品类市场规模逐渐增大，对于这样的品类，现在已经分离成独立的品类，比如香辛料、鸡精鸡粉、火锅调料、川菜调味料等。按照这样的情况发展下去，可能到最后也没有复合调味品的说法了，因为所有的调味品都是复合化的。在已经独立出来的复合调味品中，目前火锅调料和川菜调味料的市场规模最大，而且正处于快速发展的风口，尤其是火锅调料整个品类近几年的复合增长率达到了15%；整个川菜调味料的发展势头也很好，现在正形成一个川菜调味军团群体性爆发的局面，海底捞、天味、红九九、乌江、饭扫光、丹丹、鹃城、吉香居、川南、味聚特等一众较为知名的四川调味企业，纷纷掀起了进军全国的高潮，这将成为川菜餐饮全面影响全国消费之后的又一趋势。当然，尽管川菜调味料是复合调味品中规模最大的一个类别，但是其内部的品类还是非常分散，从单个品类的市场规模上看并不大，最大的也仅有鱼调料，所以川菜调味料未来的细分化和规模化进程任重而道远。

（三）复合调味品存在全复合与半复合两种形态

复合调味品听起来并不难理解，但在实际经营过程中并不是这么简单，和不同用户的特性有着非常密切的关系。通常大家听到复合调味品，联想到的就是复合程度越高越好，就像酸菜鱼调料，只要把鱼等食材准备好，将鱼调料往锅里一倒就万事大吉了，水煮鱼、麻婆豆腐、红烧肉、红烧排骨、鱼香肉丝等都一样。实际上，上述复合程度高甚至是全复合的调味品，适合的用户还是以家庭消费者为核心，其次是中小型小吃快餐餐馆。对于这些用户来说，口味的标准化和烹饪的便利性是最核心的两大需求，家庭消费者自不必说，中小餐馆也是如此，通过全复合化的调味品，可以减少其对厨师的依赖性，一般的厨师也可以做出口味较好且标准的菜品，而且效率很高，这样就不会影响餐馆的生意。

对于大中型的正餐餐馆来说就不同了，它们不接受全复合化的调味品。原因很简单，这样会大大降低厨师的价值和餐馆口味的差异化，而这两样都是大中型餐馆的核心竞争力。全复合调味品虽然可以实现标准化和便捷化，但却将厨师的作用边缘化了，没有了存在感的厨师又怎么会接受这样的调味品呢？所以，全复合调味品在大中型餐馆是没有市场的，但厨师在烹饪过程中确实又存在着便利化的需求，希望能够提高其烹饪的效率，同时不会影响其价值，这就给了复合化程度不太高的调味品一定的机会，我们可以将其称之为半复合调味品。这不难理解，半复合调味品，顾名思义，就是复合化的程度不高，只是在某些方面实现了复合化，但是这些复合化可以很好地帮助厨师完成烹饪任务，这就是其不同于全复合调味品的特点：帮助厨师而非替代厨师！

鸡精、鸡粉的推出就能很好地帮助厨师，原先要熬鸡汤，烹饪中要加味精，现在只需要放一勺鸡精或者鸡粉就可以解决问题了，既鲜又香；"辣"和"鲜"是许多菜品中需要体现出的口味，以前厨师要通过两个动作来加入辣味调料和鲜味调料，但自从家乐推出"辣鲜露"之后就有了改观，厨师只需要加入适量的辣鲜露就可以一次性解决"辣"和"鲜"的口味。

厨师抗拒全复合化的调味品，但却欢迎半复合化的调味品，因为确实给他们带来了帮助，提高了他们的烹饪效率，而且更能体现他们的价值，这完全是一种双赢！

（四）企业应该选择正确的复合调味品品类

复合调味品现在形成了一种叫好不叫座的局面，说起来都很好，代表着未来的趋势，但短期内很难将复合调味品的销售规模做大。中国调味品协会曾经做过调研，运作复合调味品的全国性企业数量很少，基本上都是区域化发展，而且重点销售区域销量占其总量的70%~80%。

要改变这种状况就要从源头做好，也就是要选择好正确的品类，这就要求企业透过复合调味品去甄选出具体的品类，而不能停留在复合调味品这个概念上。实际上，无论对于消费者还是企业来说，复合调味品这个概念都是没有实际意义的。从消费者的角度来看，他们并不懂什么叫复合调味品，他们只知道具体的某个产品，比如鸡精鸡粉、香辛料、火锅底料等；从企业的角度来看，复合调味品对其经营也不能产生什么帮助，因为种类太多了，每个品类的消费属性和竞争态势都不一样，最终还是要落到某个具体的品类上才能指导企业的经营行为。

所以，企业不能只是说要做复合调味品，而是要清楚到底是做哪一种复合调味品，这就意味着企业必须从众多的复合调味品中做出正确的品类选择。选择品类的核心逻辑要遵循以下几点：一是市场容量较大；二是市场集中度不高；三是消费者具有一定认知，不需要过多教育；四是没有太大的区域局限性。若用这四个标准衡量目前的复合调味品，可以选择的品类主要集中在火锅调料和川菜调味料，而川菜调味料又集中在鱼调料。如果企业选择了这几个品类，就比较容易取得一定的销售规模，如果选择了其他品类，就很难在短时间内获得快速发展。

当然，随着市场环境的不断变化，会有众多因素在影响某一品类的发展。对此，调味品企业必须要密切关注餐饮的发展趋势，这是对复合调味品能产生极大影响的关联领域。这两年烧烤调料、麻辣小龙虾调料的发展都很快，关键原因就是烧烤和小龙虾这两类休闲餐饮的发展非常迅速，消费热情非常火爆，自然带动了调味料的发展。如果调味品企业能够顺势而为，将资源聚焦在这两大品类进行拓展，就有机会将销售规模迅速做大，形成大单品，从而有助于企业打造出有影响力的品牌，进而推动企业整体销售规模的提升。

七、涨价的背后逻辑是什么

过去几年，调味品行业中的一个突出现象就是"涨价"。导致涨价的主要原因是原材料成本的大幅上涨，由上游原材料成本上涨导致的涨价，本来是没有什么稀奇的，过去几年屡屡发生。不过这几年的涨价似乎并不一般，原因就是消费疲软叠加行业库存量过大，导致涨价带来的不确定性增大。

过去几年的涨价对企业来说并没有什么困难，基本上是说涨就涨，企业还是有底气的，毕竟整个行业持续增长，在消费升级的大势下，价格上涨10%~15%也能够被市场所消化。可是当市场形势变坏，不少头部企业都面临营收利润下滑的不利局面，上市公司股价大幅下跌，此时言及涨价，确实不得不谨慎！

以前对于企业来说并不困难的涨价问题，今年却引出了若干灵魂拷问：涨价是涨经销商的，还是涨消费者的？涨价是诱导经销商囤货，还是真的为经销商增加利润？如果涨不了价怎么办？要不要再通过销售政策把利润返回给渠道商？这些问题还真不容易回答，甚至其中颇有点"阴谋论"的意味！

通常来说率先涨价的企业，大都是行业中的头部企业，存在一定的话语权，但对于众多没有话语权的腰部和尾部企业来说，真的也可以涨价成功吗？从实际状况来看，部分区域性的头部企业在上涨出厂价的同时，也给出了一到两个月的渠道促销政策，这相当于给渠道商返回了部分利润，至于政策到期后能不能恢复为新的价格体系还不好说；企业也许已经做好了两手准备，如果市场形势有利，那就将政策取消，如果市场形势不利，还可以继续执行促销政策，这也算是"进可攻退可守"吧！

在这种局面下，涨价还是不涨价真的成为难题了！

笔者认为，企业是否应该涨价，一切皆要基于内外部因素作出综合判断。企业对涨价的目的必须要搞清楚，目的清楚了，企业才能知道自己到底想要什么，也才能选择应否涨价以及正确的涨价方式。这个道理，也就是德鲁克始终强调的"要问对问题"，企业在涨价之前一定要问自己为什么要涨价，把握住问题的实质，方法就容易找到。

在涨价的背后，通常存在以下几个目的：

（一）消除成本上涨压力

这个目的是导致涨价最直接的因素，通常也是企业不得不涨价的核心因素。

正常情况下，企业都不太敢轻易涨价，价格是非常刚性的，在市场上极为敏感；如果没有绝对的把握，涨价有可能将企业置于极为不利的局面，导致竞争对手乘虚而入，抢夺大量的市场份额。

因此，对于成本上涨导致的涨价，通常都是企业不得不实施的涨价，因为实在承受不了成本上涨带来的负担，只能硬着头皮涨。当成本上涨是行业性的时候，涨价就有可能成为整个行业的普遍行为。

不过，企业能否都涨价，还分两种情况：一种是市场处于增长态势，可以接受行业的普遍上涨，在这种状况下涨价的风险并不算大，因为大家都在涨，只要价格上涨的幅度不太大，消费者都可以接受；另一种是市场增长疲软，这种状况下就要慎重考虑了，不同的企业往往对策不同，有话语权的企业涨价成功率高，而没有话语权的企业就难说了。

另外，成本上涨也有非行业性的，由某个企业自身的因素导致的。在此情况下涨价能否成功，关键要看企业能否给出成本上涨的确凿依据，以及企业自身品牌对消费者的影响力大小。在涨价依据充分的前提下，如果企业品牌影响力强，那么涨价的成功性就大，反之要谨慎。

（二）提升利润水平

消除成本上涨压力是企业涨价的被动因素，而提升利润水平就是企业实施涨价的主动因素。当企业较长时间处于总体利润水平不高的状态，就有可能通过涨价的形式来提升利润。

企业的利润与价格体系设计有直接关系，有的企业在一开始的时候价格设计就不合理，无法有效消化销售费用和管理费用，最后导致利润水平偏低，遇到这种情况就需要对价格体系进行重新调整。

有的企业刚开始的价格体系并没有问题，但是随着市场竞争的激烈或者商业模式的调整，会导致销售费用或者管理费用大幅增加，也会使得整体利润水平降低。

比如当企业采用批发模式的时候，销售费用和管理费用都不高，而采用深度分销或者直营模式就完全不同了，销售人员和直营渠道的增加都会产生大量的销售费用和管理费用，以及被零售商占用的资金账期，也会产生较大的财务费用，这些费用的累加便会大量消耗企业原有的利润。

一旦遇到这几种状况，企业就有必要实施涨价，在销售费用和管理费用不变的情况下，企业提价1%通常来说能够使利润同比增加9%以上。如果企业原有利润率偏低，利润增加的比例更高。

（三）调整产品结构

消化成本压力和提升利润水平是企业很直接的涨价目的，还有一些目的看起来不那么直接，调整产品结构就是这样一个可能导致涨价的因素。

每个企业的产品结构通常都不会单一，而每个产品的利润结构也不一样，有的利润水平高，有的较低。通过将利润因素与其他相应的评价因素相结合（如市场份额），可以形成不同的角色组合，由此便于企业作出有效的战略决策来提升产品体系的综合竞争力。

比如利润和市场份额都较高的产品，可以作为企业的明星产品，其市场竞争力最强，企业应该将最多的资源投到这些产品上。

利润高而市场份额较低的产品，可以作为企业的金牛产品，企业需要持续投入一定的资源来维持其对利润的贡献，但不需要太多，因其在市场上的竞争力并不强。

利润低而市场份额较高的产品，可以作为企业的基础产品，企业需要通过该产品在市场上维持较高的覆盖率。

利润和市场份额都较低的产品可以作为企业的改善产品或者淘汰产品，如果其中一项可以在一定时期内加以改善，就可以转化为金牛产品或者基础产品，否则就需要淘汰，避免消耗企业的资源。

恒顺醋业的涨价在消除成本压力之外，也是为了进一步聚焦A类产品，提高中高档产品在整个产品体系中的销售占比，在整个食醋行业中，恒顺醋业中高端产品的占比最高，由此收获了远远高于其他醋企的综合利润水平。

（四）提升渠道利润

企业涨价还有一个重要目的就是提升渠道利润，除非一个企业采取的是直营或者直销模式，否则企业价值都要通过渠道合作伙伴来实现。渠道利润对于这条价值链来说就是赖以生存的血液，一旦利润减少，企业就必然遭到渠道伙伴的忽视甚至抛弃。

在现实中，许多企业的产品刚开始给予渠道商的利润都是足够的，否则很难找到愿意合作的渠道商。随着市场的扩张和产品的成熟，产品的渠道利润逐渐降低，其中的因素主要是冲流货。一方面是企业对销售规模的不断追逐；另一方面是渠道商的能力或者市场容量不足，两者叠加便会导致渠道商进行降价销售，结果就是渠道利润的持续下滑。

企业面临这种情况是很糟糕的，意味着产品被渠道商抛弃的时候快到了，必须引起企业的重视，而涨价就是解决这个问题的其中一种方法。

通过涨价来提升渠道利润，一是提高零售价，这种方法关键在于要让消费者接受，为此企业必须为涨价给出充分的理由，以削弱涨价带来的敏感性。还有就是直接提高出厂价，由此提升了企业的毛利，企业从毛利中拿出一定的费用来补贴相应的渠道商，这种方法在市场上的表现会不均衡，有的区域或者渠道能够涨上去，而有的却涨不上去，企业就需要进行相应地调节。

无论哪种途径，一旦渠道利润降低，企业就要想办法解决，否则一旦被渠道商抛弃，即便是投放再多的广告，消费者也会因为在终端见不到产品而选择其他品牌。

（五）基于消费趋势提前布局

企业实施涨价的另一个目的是顺应消费趋势进行提前布局，这种涨价倾向是一种价格带布局。

厨邦和千禾都采用过这种方式，两家企业都精准地判断出未来消费者向高端消费升级的趋势，于是厨邦推出了价格较高的特级鲜味生抽，主要通过商超渠道销售，在10~15元/瓶的价格带进行了布局，现在已成为该细分市场的领导品牌；而千禾味业推出了价格更高的零添加和有机酱油，分别在15~30元和40~50元的价格带进行布局，目前也在该细分市场成了领先品牌。这两家企业都具有前瞻性的战略眼光，通过在中高端价格带的提前布局一举取得了领先的市场地位，这充分说明了价格在战略决策中的重要性。

不过，这种价格带的布局不同于一般性的产品涨价，更多是通过一种全新的产品形态来实施，并不是简单针对老产品的涨价，从品牌的角度来说可以称之为涨价，而要从具体的产品来说则是新产品新定价，这种方式更能得到消费者的认同。

（六）持续提升品牌地位

涨价除了给企业带来利润提升的实际利益，还可以帮助企业持续提升品牌在市场中的地位。

这与消费者的认知有关，一般而言，消费者对于价格较高的产品或者品牌都会产生较高的信赖感，所谓"一分钱一分货"，价格较高，往往意味着品质越好，而产品对应的品牌的含金量也较高。

所谓品牌，也就是能够给消费者带来信赖感的标识，包括文字和图形，一旦产品能够令消费者产生这种认知，对于提升品牌价值是有好处的。所以，有的企业实施涨价并非仅仅提升利润，而是要借此提升品牌的含金量，从而在市场上与竞争对手形成鲜明的区隔，以此表明品牌的领先优势。

适合采用这种涨价方式的企业，其品牌应该在消费者心智中已经具有良好的高品质形象，在这种基础上的涨价是对品牌价值的升华，就像茅台酒不断涨价带来的结果是越涨越吃香、越涨越追捧。如果品牌原来在消费者心智中缺乏高品质的认知，那么涨价很难达到提升品牌地位的目的，不如通过其他新品牌来实施高定价，反而更有效。

（七）有效应对竞争格局

除了上述目的，企业实施涨价也可以是应对竞争者所采取的手段。

通常来说，市场中常见的是降价竞争，通过降价来扩大消费量，吸引消费者，蚕食竞争对手的市场份额。也可以通过涨价来形成竞争差异化，反向体现品牌的价值。

对于这种状况，与竞争对手处于相同市场地位的企业，也可以采用跟进涨价的方式来维持品牌地位。一方面可以提升利润水平；另一方面可以告诉消费者，我的品牌也是高品质的，既可以给消费者带来高品质的体验，也能体现高品质的生活方式，物质利益与精神利益都能同时满足。

如果一个行业的领导企业能够以涨价来引领市场发展，这对于整个行业的发展都将具有极大的贡献，能提升各个环节的价值，对整个产业链都有良性的带动作用；降价往往对个别企业有好处，对行业却无益，但是涨价相反，在此基础上的竞争对行业的推动也是最大的。

八、成功涨价的正确思维

价格是市场的风向标，反映了整体供需关系的变化，也就是所谓的"无形的手"。

看起来一个简单的涨价或者降价行为，实际上供应链的方方面面，包括上游的供应端、中游的渠道端和下游的消费端，既有对现实供需关系的体现，又有对未来供需关系变化的提前应对。

从企业来说，价格变动将对多个因素产生直接影响，包括整体利润水平和市场竞争力。尤其是涨价，更是考验企业的战略决策水平。如果涨得好，企业既可以收获更多的利润，又能够维持市场竞争力；涨得不好会适得其反，对企业产生非常不利的影响。

企业涨价会面临两道关卡：第一道是消费者，在消费者的心目中，天然能够接受的是降价，但对于涨价，除非是有特殊原因，否则面临的就是销售下滑；第二道是竞争对手，消费者面对的品牌不止一个，尤其是面对旗鼓相当的对手时，企业涨价容易给竞争对手留出空子，将市场拱手相让。

由此可见，涨价对于企业来说绝对是一个难度系数极高的"危险"动作，一旦操作不当，对于企业来说很可能就是灾难！对此，企业一定要将自己到底要什么搞清楚，如果要的是短期利润，或者是调整产品结构，涨价没有问题；如果要的是市场份额，涨价就存在一定的风险，决策需要慎重！

当企业决定涨价，接下来的重点就是确保成功，不成功的涨价还不如不涨！因此，一次成功的涨价，必须要在正确的时间以正确的方式进行。为了使涨价能够成功，企业必须对多个因素进行综合分析，做好充分的准备，确保一击必中！

（一）明确涨价的目的

明确目的，是企业涨价获得成功的核心要素，任何事情，目的就是方向所在，有了正确的目的才能确定正确的方式。

前文已经分析过，涨价的目的主要有七个：消除成本上涨压力、提升利润水平、调整产品结构、提升渠道利润、基于消费趋势提前布局、持续提升品牌地位及有效应对竞争格局，目的不同，涨价的策略及方式也不同。

如果涨价的目的是消除成本上涨压力，这属于被动不得已而为之的行为，涉及产品比较广泛。基于这种背景，企业的涨价策略就是直接按照成本上涨的幅度来提高整体产品的出厂价，从而维持原有的毛利水平，同时对渠道和消费者作出解释，使其尽量理解企业的涨价行为。

如果涨价的目的是提升渠道利润，那么企业的涨价策略就要同时考虑两个方面：

其一，这种涨价不是针对所有产品，而是几个较为成熟的产品，给予渠道商适当的利润水平，以维持这几个成熟产品在市场上的良好表现。

其二，企业采取的方式是直接提高出厂价，但是需要从增加的毛利之中拿出一部分，以销售政策的形式返给部分重点渠道商。由于这些产品的价格都得到了提升，意味着除了增加价差利润，这部分重点渠道商还获得了额外的利润补充。

（二）分析品类价格敏感性

要确保涨价成功，还需要了解每个品类的价格敏感性，这也是一个极其关键的要素。**每一个品类的价格敏感性不同，因此需要设计针对性的涨价策略。**

价格敏感性较高的品类，企业的涨价幅度就不能过大，一般来说不可能一步到位，可能需要小步慢跑，逐步上涨，避免造成销量的大幅下滑；价格敏感性较低的品类，相对来说涨价的幅度可以较大，只要理由充分，再加上相应的宣传和促销手段，在较短的时间内可以消化掉消费者的负面因素。

通常来说，消费群体广、消费水平低、品类认知深、使用频率高、使用量大、复合化程度低及原料属性强的品类具有较高的价格敏感性，反之价格敏感性较低。

从品类本身来看，酱油、食醋、味精、鸡精、食盐等品类的价格敏感性较高，企业要涨价的挑战较大，不能轻易实施，一定要综合分析，考虑好充分的理由后方可涨价，否则消费者会转身走人；而调味酱、调味汁、料酒、酱腌菜、火锅底料等品类的价格敏感性相对较低，企业涨价相对容易。

从消费群体来看，消费水平较高的一二线城市顾客对价格的敏感性要弱，而消费水平较低的三四线城市顾客则价格敏感性较高。

另外，像家庭消费者这类属于直接消费的顾客对价格敏感性较弱，而餐馆、工厂等属于原料消费的客户对价格敏感性较高，这些消费特性都会影响企业的涨价策略。

像味精、食盐这种原料成分非常单一的品类价格敏感性很高，而像调味酱、火锅底料、佐餐菜等原料成分多样化的品类则价格敏感性较低。

还有消费者认知度很高的品类价格敏感性也较高，比如酱油、食醋等，但是对于一些新兴品类或渗透率不高的品类价格敏感性则不高，比如芥辣、沙拉酱、咖喱、骨汤料、川菜调味料等。

（三）精准判断竞争态势

企业的涨价行为并非孤立存在，必须同时考虑竞争态势，要能做到精准判断，制定恰当的涨价策略。

可以说，涨价是企业竞争战略的一种表现形式，看起来只是价格的变动而已，但本质上就是竞争战略。涨价是术，竞争战略才是道之所在！

所以，要精准判断竞争态势，企业就必须深刻洞察当前市场所处的阶段和竞争格局，这个阶段就涉及市场生命周期，即开发期、成长期、成熟期、衰退期。每个阶段的企业参与数量、市场集中度及行业整体营销水平都不同，只有将这些情况摸清楚，企业才能制定出正确的涨价策略。

通常来说，涨价主要发生在成熟期和衰退期，开发期是刚形成价格认知，成长期则是价格被广为接受，但是到了成熟期由于竞争激烈，渠道利润减少需要通过涨价来进行弥补，而衰退期可能因为消费群体流失，需要通过重新定义品类或者提升品牌形象进行涨价，以此拉回消费者或者吸引新的消费者。

要精准判断竞争态势并非易事，其难度在于中国市场广大，不同品类在不同区域市场的发展阶段和竞争态势都大不一样，这就牵扯到企业应该在全国范围内涨价，还是在部分区域涨价，前者可能面临在部分区域市场不适应，后者则可能导致不同区域之间发生冲流货。

从实际运作的状况来看，涨价应该在整体范围内实施，如此就需要针对不同区域市场的发展特性做相应的配套措施。对于开发或者成长阶段的市场，由于消费群体有限，可以加强推广使消费者将涨价后的价格认知为本来价格；对于成熟或者衰退阶段的市场，则需要在涨价后再让利给渠道商或者消费者，以减弱其对涨价的敏感性。

（四）提炼充分的理由

经过前面几个步骤，企业接下来要做的就是为涨价提炼出极其充分的理由，让消费者感觉涨价是一件理所当然的事情。

要做到这一点，企业必须站在消费者的立场考虑，无论企业面临什么情况，都要清晰地告诉消费者，涨价后的产品到底能够给他们带来什么好处，这样才能减轻他们对涨价的敏感。这也从另一个角度提醒企业，必须对产品做一些适当的改变，以此来配合涨价策略的有效实施。

具体而言，企业可以从以下几个方面考虑：

更好的原料：比如从更好的产地采购了原料，由此提高了价格。

更好的工艺：比如从原来的配制变成了现在的纯酿造，晒足180天，或者采用更先进的设备提高了品质，由此提高了价格。

更好的配方：比如现在的配方添加了更丰富的原料，使得口味进一步提升，价格也由此上涨。

更好的特性：比如现在的口味、口感、香气等都比原来的产品好，能使消费者的体验更好。

更好的包装或形象：比如采用了更环保的包装，因此提高了价格，或者采用了更好的形象，提高了产品的档次，也使得价格上涨。

更多的用途：比如现在的产品使消费者能够获得更多的利益，比如辣酱除了能够佐餐，烹饪的效果更好。

附加的利益：比如产品获得了权威部门评选的大奖，或者品牌价值得到了多大的提升，这些也可以成为涨价的附加理由。

（五）设计恰当的形式

正因为涨价是非常刚性的，所以选择恰当的涨价方式就是关键。除非某个企业确实具有很强的影响力，而且其内在价值完全可以支撑其涨价行为，从而可以采用"简单粗暴"式的涨价（就像茅台一样），否则更适合采用间接性的涨价方式，确保涨价的成功。

间接性的涨价方式包括如下：销售返利支持、减量不降价、涨价送赠品、阶段性特价、捆绑销售、换包装/形象、加大宣传推广等。需要强调的是，除了销售返利支持是针对经销商的，其他的涨价形式针对的都是最终用户，其目的都是让涨价策略得以实现。

从另一个角度看，间接性涨价的各种形式都是在给涨价提供一个充分的理由，以弱化用户对于涨价的敏感性。所以，企业应该多用一些技巧，让涨价更加"高级"，润物于无声，这才是更高境界。

（六）把握涨价的时间

同一件事情，在错误的时间做，结果必定失败！所以，涨价的时机非常关键。

通常来说，涨价需要综合考虑社会舆论、销售淡旺季、竞争对手缺货等因素。如果外部舆论对于物价上涨有一些感受，那么企业涨价就有现实基础；如果销售正处于旺季，企业涨价就容易被市场消化；如果竞争对手市场缺货，此时涨价就能有效切入。

因此，准确把握市场信息和态势的变化，对于企业涨价成功与否至关重要。基于目前的态势，行业成本高涨的社会舆论是具备的，意味着涨价的大环境是有利的。同时，整体消费较为疲软，行业库存又很多，不少企业为了消化库存正在大力度促销，此时是否涨价，需要每家企业根据自身的状况谨慎决策。

（七）掌握涨价的节奏

涨价在很大程度上是一种心理因素，能否巧妙地调动用户的心理，同样关系到涨价能否成功，这就涉及涨价的节奏问题。

同样是涨价，有的企业一次就涨10%，甚至更多。这种策略需要结合外部市场持续增长的有利环境，加上企业自身的影响力，同时采用相应的配套措施，才有可能获得成功，否则粗暴式的涨价只会导致市场的反感。

在大多数情况下，特别是市场疲软的态势下，小幅上扬、分批多次涨价的方式更恰当，谁也没有说就只能涨一次价，这样就可以弱化用户对涨价的敏感性，从而实现涨价的"软着陆"。

另外，企业还可以形成定期涨价的节奏，通过多种手段的配合，如更换包装、原料升级等，来推动产品的涨价，这样可以让用户形成一种印象，企业是在不断追求为用户创造更大价值，每一次涨价都代表着更好的产品问世，这样反而能够赢得用户的认同，持续强化品牌的生命力！

第五章

渠道与客户

一、渠道比产品重要

（一）产品好是最重要的吗

从道理上看，这句话似乎没什么毛病，但是在现实中，就会发现这句话有问题！因为有太多太多的"好产品"并没有销售得很好，甚至很差！而不少销售很好的产品，似乎也谈不上是什么"好产品"！这里面的问题在于：什么才算得上是好产品呢？

山西是陈醋的主产地，最好的陈醋就在山西，但是山西始终未能诞生出一家大规模的食醋企业。山西不缺醋，缺的是营销；山西不缺醋，缺的是资本；山西不缺醋，缺的是宣传；山西不缺醋，缺的是创新。面对山西食醋行业多年来难有突破的局面，原山西食醋行业协会副会长、山西金醋生物科技公司董事长王建忠曾经说："有好产品但是没有好企业，这就是山西醋业面临的尴尬困局！"

（二）什么才是好产品

究竟什么才是好产品呢？有具体的标准吗？想搞清楚这个问题恐怕很难！因为不同的消费者对于好产品的定义和感知不同！江浙沪区域的消费者认为最好的醋是恒顺香醋，但是山西的消费者认为最好的醋是宁化府老陈醋；许多人认为最好的白酒是茅台，但是山西消费者认为最好的白酒是汾酒；iPhone在全球发达国家都很畅销，但是在非洲，最畅销的手机是中国的华为！所以，什么才是好产品呢？

通常，大家认为的好产品主要是指产品本身的性能或品质，但是问题来了，构成一个产品的要素有多个，那么这个性能或者品质究竟是从哪一个要素来衡量的呢？比如什么才算得上是好酱油？是上色，还是增鲜？是晒足180天，还是晒足360天？是零添加，还是有机？是包装，还是材质？是高质高价，还是高质中价？恐怕，这些问题根本说不清！

或许我们应该从另一个角度想：企业追求好产品的意义是什么呢？是单纯追求产品本身性能或品质，还是为了满足消费者的需求，抑或为了超越竞争对手？思考到此，我们越来越糊涂了，照这样分析下去，恐怕一辈子都不会得出确切答案。

这个世界到底存不存在好产品呢？好产品肯定是有的，但是企业若要以打造极致好产品作为经营目标的话，恐怕是会失望的！"打造好产品"，这只是一句听起来正确无比的废话，对于企业的实际经营根本就不会产生任何有意义的作用！一个产品到底算不算好产品，这并不是企业能够制造出来的，而是在市场上由消费者使用出来的，是根据产品对消费者不同需求的满足程度来决定的！

所以，**真正意义上的"好产品"是不存在的，只存在适不适合的产品，也就是能不能满足消费者需求的产品！**

简言之，能够充分满足消费者需求的产品就是好产品，从这个意义上看，一个好产品不仅仅是指自身的性能或品质，还包含其他诸多超出产品本身的因素，比如使用方便性、包装吸引度、价格适合性、购买便利性、概念独特性及竞争优越性等。

（三）如何才能成为好产品

当企业推出一个产品的时候，如何才能使其成为一个好产品呢？这才是真正考验企业的时候！怎样做？这就是渠道发挥作用的时候了！这里，我们拿德鲁克的话来做一个背书，他在《成果管理》一书中这样写："分销渠道常常比产品更重要……产品反过来必须符合与众不同及重要顾客的需要，这样的顾客就是产品的分销渠道……如果渠道选择错误，失败是不可避免的。"

德鲁克的话涉及对渠道的理解。不少企业对于渠道的理解都是"通路"，但其实是一个将厂商引入歧路的概念！在这个概念的指引下，大量渠道商将自己变成了单纯的"物流配送商"，砍掉了自身原本具有的业务拓展、渠道管理、品牌推广等职能；而企业也不顾社会专业化分工的规律，将自己转变成了全能的渠道运营商，加车加人加费用，最后的结果就是经营成本高企，投入产出不成正比，难以持续经营。

实际上，**渠道并不仅仅是通路，而是市场，是需求**。不同需求的汇集形成了不同的渠道，而不同的渠道代表了不同的需求。比如大卖场的背后代表着大众消费者一站式购物的需求，便利店的背后是年轻消费者的便利性日常购物需求，专卖店的背后是专业性购物及服务的需求，天猫的背后是年轻消费者的实惠及便利性购物需求，而餐饮批发市场是中小餐饮店对调味品及干货的购买需求……

一个产品能不能成为好产品，关键在于其能不能满足不同渠道背后的消费需求。如何才能满足呢？这个问题是非常复杂的，既与产品自身的性能与品质有关，又与价格、购买便利性、服务等隐性因素有关。打个比方，某个品牌的酱油品质很好，但是进入的渠道有限，很多消费者根本就不知道也买不到这个产品,那么这个产品如何能够成为好产品呢?

所以,到底是产品本身的好坏重要,还是其他因素重要呢?都很重要。但是从某种角度来说,渠道比产品重要,因为影响产品本身的因素主要存在于企业内部,要生产出能够恰当满足消费者需求的产品并不难。渠道就不同了,因为其存在于企业外部,是由不同的经营主体构成,如经销商、批发商和零售商等,各自的商业模式和利益取向都不一致,企业要让这些渠道成员愿意来销售自己的产品,并不是一件容易的事,有很多因素都不可控。

国内调味品市场中的产品同质化非常突出,在这种状况下,渠道对于打造出一个好产品的意义尤为重要!比如酱油、食醋、味精、鸡精等调味品,不同企业、不同品牌之间的产品差异化程度很小,就连包装风格都相似,不要说是消费者,就连企业自己都很难分辨出来,又怎么能让消费者认可呢?所以,在市场上我们看到一个品牌或者一个企业派驻销售团队在市场上协助渠道成员来拓展市场,就能获得较好的销售业绩,市场基础也较好,消费者的接受程度也比较高。反之,即便是产品自身品质非常好,也不会有很好的市场表现。海天的产品未必最好,但是渠道运营优势一定是最强的,这种渠道核心竞争力支撑了其多年来的持续增长!

由此,笔者认为调味品企业最大的战略机会在于渠道,如果一个品牌能够进入更多的渠道网络,能够更直观、更方便地被消费者接触,就一定能够实现很好的增长!

为了实现这一点,调味品企业需要抓住几个关键:其一,为渠道商提供具有一定竞争差异性的产品,并能满足消费者的核心需求;其二,这个产品一定能让渠道商获得不低于同品类平均利润率的收益空间,包括产品差价及政策支持,而且这个收益要具有一定的稳定性;其三,对渠道进行系统地维护管理，强化渠道掌控力。前者与核心价值定位、产品规划及品牌形象有关，后者则与渠道规划、渠道管理、客户管理及团队建设有关。做到这两点，调味品企业就构建起了竞争对手难以模仿的核心竞争优势，想不增长都难！

二、再论"渠道比产品更重要"

"渠道比产品更重要"的观点引起业界的一些关注，不少人对这个观点表达了不同的意见，认为产品或者品牌都比渠道重要。他们的观点也有道理，不过对于我的观点有所误读，所以我想在这里再次对"渠道比产品重要"这个观点进行一些说明，帮助大家正确理解我的核心思想。

之所以说"渠道比产品更重要"，这是有针对性的，针对的是那些"产品型"的调味品企业。所谓"产品型"，其特点是以产品的品质为中心，认为产品本身是最重要的。在调味品行业中，这种类型的企业不在少数，他们注重的是产品的原料、配方、工艺、设备等，信奉的经营理念往往是"酒香不怕巷子深"。但是，这些企业的经营成效和品牌影响力往往并不理想，不少几十上百年的老字号企业也是如此。原因是什么呢？就是不适应市场，不能精准地满足消费者需求，所以尽管产品的品质很好，却无法有效占据消费者心智，也未能和竞争对手形成差异化优势，更无法在市场运营中与消费者进行有效沟通，所以业绩表现较为惨淡。

我们在十几年服务调味品企业的过程中，遇到这样的企业总是感觉非常可惜。一方面是有些产品确实品质不错，也有一定的特色；另一方面是这些企业的经营方式非常传统，不重视或者不理解对消费需求的挖掘，由此导致产品无法被市场充分接受。在与这些企业老总沟通时，我们能够感觉到其言语中的自豪与无奈，自豪的是产品的品质很好，无奈的是这么好的产品怎么就卖不好！说实话，要解决这个问题并非没有方法，但是有一个大前提：企业必须转变原有的经营思维，从产品导向转为市场导向！如果这种经营思维不转变，即便再好的方法放在企业面前，也不可能真正发挥出其价值！

针对这种局面，笔者提出了两个核心的观点，"渠道比产品更重要"就是其中一个，另一个是"开发市场而非开发产品"，这两个观点实际上是相关联的。

先说说如何理解"开发市场而非开发产品"。这个观点的核心，涉及对产品的理解。有一项数据表明，新产品的成功率只有10%左右，绝大部分新产品都以失败告终，原因在于这些产品只是从企业自身的角度考虑，与消费者的需求不相符。这些企业关注的始终都是产品本身的物理属性，比如原料、配方、工艺等，但问题是这些物理属性都是消费者关心的吗？实际上消费者并不关心这些，他们只关注这些产品能够带来什么利益。站在消费者的角度，产品只是一个载体，而不是目的，完成任务并从中获得利益才是消费者关注的。但是"产品型"企业往往并不关注消费者的目的，在他们眼中，造出一个好品质的产品就是目的，至于这个产品能不能真正帮到消费者，并不在其思考范围内。

问题就是从这里产生的，尽管某些产品的品质很好，但是消费者根本就不知道能够从中得到什么！

某个调味品企业的核心产品是老抽，其品质很好，也能达到红亮持久的境界，但是销售业绩就是上不去，为什么呢？因为老抽品类目前正处于下滑态势，消费者更青睐的是鲜味酱油，其应用场景更广、用量更大，这家企业虽然老抽的品质很好，但与消费者的需求背道而驰，业绩又怎么能提升呢？

某个调味品企业追求的也是打造极致好产品，其核心产品是豆瓣酱，用的全是上等蚕豆，产品中也没有多少添加剂，但销售业绩同样不佳。原因在于该企业以家庭消费为核心市场，但是豆瓣酱的主流市场在于餐饮，家庭消费不占主流，整个品类的市场容量有限，尽管该企业花费了大量资源和精力，但销售规模的提升并不快！

类似上述两家产品品质好但销售不佳的企业实在太多了，所以，笔者提出企业应"开发市场而非开发产品"，目的就是推动企业将焦点放在消费者需求上，市场就是需求，开发市场就是开发消费需求，这才是企业开发产品的本质。管理大师德鲁克说过："企业的重要使命是创造顾客。"如果不是开发需求，又怎么能够创造顾客呢？不少企业在已经购买了设备、造出产品的情况下，再来找我们提供市场运作的解决方案，这完全是本末倒置的，根本不是营销，而是强硬地推销，又怎么能取得良好的经营业绩呢？我国市场经济已经发展了四十多年，还有不少企业的经营模式停留在推销阶段，这不能不说是一件遗憾的事情！

说完了"开发市场而非开发产品"，再来说说"渠道比产品更重要"。

看了上面的阐述，相信之前误读我观点的朋友应该有所明白了，说"渠道比产品更重要"，就是要进一步令调味品企业从自我出发的"产品型"模式脱离出来。前面清楚地说明了企业不应狭隘地理解什么是好产品，一个好产品"不仅仅是指自身的性能或品质，还包含其他诸多超出产品本身的因素，比如使用方便性、包装吸引度、价格适合性、购买便利性、概念独特性及竞争优越性等"，这就是告诉"产品型"的企业只有转换思维，从消费者的角度才有可能打造出好产品。

我说"渠道比产品更重要"，并不是否认产品本身的品质，产品品质当然重要，但是对于企业来说，首先是要制造出正确的产品，然后才是正确地制造产品，充分满足消费者需求就是"正确的产品"，而好品质则是"正确地制造产品"，如果离开了正确的产品，再好的品质也没有用！

所以，调味品企业只单纯想着造出品质最好的产品，对于消费者来说可能是没有意义的，如果远远超过了消费者的正常日用需求，品质再好也没有用，绝大多数消费者根本就不会接受。李锦记的蚝油品质肯定比海天好，但是海天蚝油赢得了更大的市场，根本原因在于性价比，对于消费者而言这才是"正确的产品"。海天在这一点上做得比李锦记好，自然可以获得良好的经营业绩，我们绝不能因李锦记蚝油品质更好而否定海天蚝油的价值！

企业如何才能制造出"正确的产品"呢？这就是渠道发挥作用的地方。

调味品行业的产品同质化非常严重，与饮料、乳制品、休闲食品等其他食品行业不同，企业要想在产品上做出创新是一件很难的事情。这是一个什么样的场景呢？消费者面对一大堆同质化的产品，根本就不知道应该购买哪一个，企业又如何能够令消费者相信你的产品是最好的呢？

在真实的市场运作中，没有事实只有认知，只有消费者认知的"好产品"，而没有企业认为的"好产品"。有的酱油企业对海天的产品品质不屑一顾，认为一般，但是海天酱油145亿元的销售额说明了什么呢？说明绝大多数消费者都在购买和使用海天酱油，在他们的认知中，海天的产品就是好产品。

所以，在这种同质化的环境中，只有从渠道入手才能实现破局。在我的观点中，一个非常重要的内容是对"渠道"的定义，恐怕那些存有疑义的朋友是没有看清楚的。我在前面指出："渠道并不仅仅是通路，而是市场，是需求，不同需求的汇集成了不同的渠道，而不同的渠道代表了不同的需求。"

据此，大家应该如何正确理解"渠道比产品更重要"呢？

首先，企业要从针对性的目标渠道中挖掘消费需求，然后再基于这些需求研发正确的产品，品质当然要好，这是基本前提，同时要与竞争对手形成差异，还要让渠道商获得不低于同品类平均利润率的收益空间。如果你不懂渠道，就意味着不懂消费需求，是不可能造出正确的产品的。

其次，企业要针对目标渠道去实施系统的运营，从宽度、长度、密度和强度四个方面对渠道进行系统地维护管理，这样才能让消费者在正确的渠道接触到正确的产品，进而有效地占据消费者心智，由此才能产生品牌影响力。

目前国内调味品企业缺乏的正是基于渠道洞察消费需求并研发产品，更缺乏对渠道进行系统地运营，产品在大部分市场上都是自然销售，试问这样再自傲于产品品质好又有什么用呢？正确的逻辑是：有竞争力的产品来自对渠道需求的洞察，以及通过系统的渠道运营获得领先的竞争优势！

三、打造1+N多元渠道组合模式

（一）三年疫情带来的启示

三年疫情中企业受到的影响极大，我们能从中得到两个启示：一是企业要有充分的现金储备；二是千万不能将鸡蛋放在一个篮子里。

遇到突发性的事件，企业很有可能受到致命打击。这次疫情中，西贝、海底捞、老乡鸡这些以聚集性消费为主的餐饮企业都受到了极大打击。调味品行业和餐饮行业密切相关，尤其是那些单纯以餐饮渠道或餐饮定制为核心的厂商都受到很大影响。

突发性的事件有两大特点：意外性，以及会产生重大的影响。这次疫情对整个中国经济有很大的影响，我们关注的是，在疫情之后如何运用中长期的思维，提前为未来做打算。

此次疫情，中式正餐、西式正餐、中式快餐和火锅店几类以聚集性消费为主的餐饮业态受到的影响最大，但是西式快餐，比如麦当劳、肯德基，还有团膳中的配餐和外卖餐饮，受到的影响不像前几类那样大，因为这几种都是非聚集性消费的形态，在疫情中反而能够为家庭消费者和奋战在一线的医护人员提供餐食。如果餐饮企业可以提前实施不同餐饮业态的多元化布局，相信在此次疫情中也不会这样束手无策。

其实，我们对餐饮渠道的理解也需要重新思考，大家通常都将餐饮渠道作为一个整体，这只是个大的概念，其实餐饮渠道也有不同业态，我们应该根据不同餐饮业态去理解。只要把大一统的餐饮渠道打开，做到细分化和透明化，对餐饮渠道也可以提前做到多元渠道布局。

这就令我们反思，厂商究竟应该分渠道经营还是多渠道经营呢？

在正常的情况下，两者都有可取之处，关键要看厂商自身的资源和经营实力能否应对，不过经历此疫，众多厂商感受到，完全将鸡蛋放到一个篮子里，确实存在极大的风险。就连西贝这样一年销售额数十亿元的头部餐饮企业，其现金流都撑不过三个月，更何况其他经营规模一般的厂商呢？看来，调味品厂商还是应该未雨绸缪，建立起多元化的渠道结构，既可以获得更多的增长机会，又可以增强自己应对突发事件的抗风险能力，通过不同渠道的差异进行对冲，否则事件发生之际就来不及了！

（二）构建多元渠道组合模式

（1）调味品厂商本来就应该进行多元化渠道布局

实施多元渠道模式是存在客观需求的，并非是为多元化而多元化。消费者在不同场合出现，自然会产生多种渠道形态，就需要厂商进行覆盖，以满足消费者的多元化需求。能否理解这个观点，跟我们对渠道的认知有关系，不少厂商通常都习惯把渠道仅仅理解为通路，其实不是，如果只是通路，调味品厂商做的就是搬运工。渠道不仅仅是通路，它的本质就是市场，也就是需求。所以，当消费者出现在不同场所、不同场景的时候，就会产生不同的需求，那么这些场所就是渠道，就需要厂商进行多元化布局。

调味品厂商只有重新思考渠道的内涵到底是什么，在正确的认知之后才会有正确的行动。

除了同一类消费群体会出现在不同场合，厂商还会面对不同的消费群体，这些消费者出现的场景给厂商带来的渠道就更丰富了。所以，结合不同的目标群体，调味品厂商就可以实现多渠道生态的有机融合。在这个生态中，如果调味品厂商能够构建多种渠道的有机融合，通过各种终端业态，如零售小店、商超终端、餐饮终端等，以及批发商、餐饮食材平台，或者阿里及京东等互联网配送商等中间渠道环节，把产品高效传递给消费者，既可以满足多元化的消费需求，也可以从容应对突发的事件，就算其中一两个渠道受影响，也可以通过其他渠道加以弥补。

所以，渠道多元化组合的需求是客观存在的，不是厂商决定的，是消费者决定的。

（2）在多渠道类型中，调味品厂商需要依据两个关键因素来界定不同渠道的市场角色

当调味品厂商想要构建多元渠道组合模式的时候，可能会感到困惑，当渠道增加的时候，自己的资源有限，面对多个渠道，又该如何应对呢？这就是我说要构建"1+N"渠道组合模式的原因了。厂商需要对不同的渠道进行分类，确定各自的市场角色，可以用市场容量和渠道影响力两个因素来构建一个坐标，通过这个坐标可以形成四个象限，每个象限就是一种类型的渠道。其中，核心渠道就是我们所说的"1"，其他渠道就是"N"，这就是"1+N"渠道组合模式的由来。至于N应该是多少，要根据不同厂商的具体情况来确定，可能会出现各种组合，有的厂商可能是1+1，有的可能是1+2，也有的可能是1+1+2，这样厂商形成以核心渠道为主，其余渠道为辅的模式。

对于如何实施"1+N"渠道组合模式，有三点需要厂商特别注意：

第一，实施多元渠道并不意味着放弃当前的核心渠道，必须在确保核心渠道优势的前提下拓展其他渠道。即便此次新冠疫情给餐饮渠道造成了极大的损失，但并不意味着接下来要弱化餐饮渠道，仍然要大力拓展，毕竟这是调味品行业中占比最大的市场，不能够简单地非此即彼，只是一定要考虑到像疫情这样的突发事件，提前为企业的有效应对进行谋划和布局。

第二，多元渠道也需要分轻重缓急，要聚焦，而不是平均分配资源和精力。厂商原有的渠道肯定是作为核心渠道而存在，对于新增加的渠道要根据其重要程度来决定其经营地位，渠道可以增加，但是厂商必须把握正确的节奏，一定要循序渐进，否则很难将其转化为实际的效益。

第三，实施多元渠道必须要具备资源和团队基础。不同渠道对于资源和实力的要求各不相同。比如流通渠道对资源和经营的要求不高，关键在

于价格控制、客情建设和客户服务，而商超渠道对资金和运营的要求较高，需要较多的现金流，也需要专业的职能部门和业务团队。如果以商超渠道为核心的厂商要拓展流通渠道，在资源和团队上的难度相对较低，反过来以流通渠道为核心的厂商要拓展商超渠道就会面临较大的挑战，所以厂商不能操之过急。

调味品厂商一定要记住，我们现在所做的事情就是为未来布局，突发事件发生时，现在的准备就决定着那时的成败。

（3）厂商在渠道布局中要找准核心突破点

当厂商构建了"1+N"多元渠道，有人可能会困惑，多个渠道在一起要怎样联动呢？一个有效的方法就是以运营型渠道带动覆盖型渠道。什么是运营型渠道呢？其特点就是：单店拥有大客流，能进行空间布局，能体现品牌氛围，还可以与消费者互动，大卖场、餐饮批发市场、电商渠道等都具备这个特点。与运营型渠道特点相反的是覆盖型渠道，其数量众多，覆盖区域非常广泛，厂商资源有限，不可能充分运作，因此需要通过聚焦运营型渠道来引爆市场，然后再带动覆盖型渠道。

（4）调味品厂商还需要为渠道匹配针对性的产品和商业模式

要成功拓展新渠道，就必须提供针对性的产品。增加新渠道并非易事，对于调味品而言，有的品类适合在某一类渠道销售，但并不意味着也适合在另一类渠道销售。比如基础调味料通常都适合流通渠道和餐饮渠道，但是在商超渠道就不合适，而全复合调味料则更适合商超渠道和部分流通渠道，但是对于餐饮渠道往往不适合；中高价格产品多适合在商超渠道和中高端餐饮渠道销售，但是中低价格则适合在流通渠道和大众餐饮渠道销售。所以，厂商想要增加渠道，前提是要看原有的品类是否匹配，如果不匹配，就要先进行补充和完善，然后才能扩张渠道。

匹配渠道有助于企业制造出"正确的产品",这比"好产品"还重要,因为好产品并不是由企业决定的,而是由消费者决定,企业的重点是基于渠道需求来提供正确的产品。

(5)当与多元渠道匹配的品类多了之后怎么办,如何进行有效组合呢

与渠道类似,产品也是一套多维度的运营体系,包括宽度(品类/系列/市场)、长度(品种)和密度(品项,包括口味、规格、价格等)。在这套产品框架中,厂商需要在品牌的核心价值定位前提下,构建多元化的品类组合体系,与多元渠道相匹配。同样,也可以按照市场容量和市场份额两个因素来构建坐标轴,从而形成战略、潜力、机会、补充四种类型的品类,也要针对核心品类聚焦投入资源,并和"1+N"渠道进行匹配。

(6)构建多元渠道运营模式

除了产品,多元渠道拓展还需要设计不同的渠道模式,并进行相互联动,最大化地推动渠道建设。不同的渠道具有不同的特性,厂商需要针对不同渠道设计针对性的运作模式。比如针对流通渠道的直供模式,针对餐饮渠道的联盟商模式,针对商超渠道的三方联销模式,针对电商或社群的分销模式等,绝不是把产品往渠道一扔就不管了。

调味品厂商一定要注意,"1+N"多元化渠道模式是一套多维度运营体系,需要耗费3~5年时间逐步构建,不能急功近利,必须放在系统的渠道运营体系下综合考虑!

四、你错误理解了经销商

每个企业都要和经销商进行合作,无论企业实力的强弱,都离不开经

销商的合作与支持。找到合适的经销商，企业在这个区域市场上就成功了一半，如果找错了，基本上就是失败！这是一个显而易见的道理，但是仍然有不少企业并不能做到这一点。

这些企业都错误理解了经销商，之所以如此，不是因为不了解经销商的状况，而是因为企业的出发点存在问题，即初心不对。

如果企业的初心只是尽快把钱赚到手，在选择经销商的时候就一定会出问题，这不取决于企业是否了解经销商，而取决于企业的初心正不正。企业越是想赚钱，选择经销商就越容易出错误，企业想好好做市场，才有可能选择合适的经销商。

一些企业会说，我是想好好做市场，不对，这只是表面上的"想"，不是发自内心的。我们常常看到企业一边说要做市场，一边却挣快钱，这样怎么能做好市场呢！

《大学》说一个人要做到"诚意正心修身齐家治国平天下"，就是说一个人的初心一定要诚，一定要正，然后才有可能收获未来的成功，一个企业也是如此，你的初心诚了、正了，才有可能对经销商的选择产生正确的认识。

企业对经销商存在几个重大误解，必须要厘清，否则必将影响厂商之间的良性合作。

（一）经销商是渠道吗

不少企业对经销商的认识就是渠道，其实，经销商既是渠道的一个环节，又是拓展渠道的合作伙伴。但是不知道怎么回事儿，最后经销商变成了渠道本身。

企业一旦将经销商当作渠道本身，就意味着渠道成了黑箱，所有的渠道运营都被包含在经销商之中，不透明，而这也正好被部分经销商当作制约企业的一个重要手段，重要的信息不让企业知道，以此来掌控渠道运作的主导权。如此一来，本来应该通力合作的厂商之间变成了尔虞我诈的零和博弈。

经销商确实是渠道的一个环节，大部分企业都是通过经销商将产品层层分销到零售终端，但是从经营的角度看，经销商更精准的内涵就是"客户"，找到这个客户就是实现渠道拓展的源头，因为很多工作都要通过经销商完成，但这并非结束。

真正的渠道拓展包含四个层面，即宽度、长度、密度和强度。要实现渠道拓展，就要通过宽度、长度和密度来完成渠道布局，再通过强度来完成渠道运营和管控。要有效完成渠道运营的四个"度"，就需要企业和经销商进行通力合作，在整个渠道运营的价值链承担各自的角色和职能。

在传统的做法中，企业通常都承担为经销商提供产品和政策的角色，而具体的渠道布局和运营都是交给经销商去实施。这是有问题的，割裂了渠道价值链的完整运营。后来在行业中搞深度分销，又把经销商的职能转化成了资金、仓储、物流，企业自身承担了渠道布局和运营的核心职能，还有针对大型零售商的拓展，不少企业更是以直营为主，连经销商都不找了。

这两种做法分属于两个极端，实际上都不是最佳的做法，前者企业付出的成本少，对渠道运营缺乏整合，管理也非常粗放，不利于品牌的持续发展；后者企业虽然能够直接掌控渠道，但是付出的费用很高，资金被占用的周期也很长，长此以往很难持续下去。所以，企业还要和经销商共同承担对渠道的运营，在不同的环节各司其职、各担费用，才能实现高效低成本的渠道运营。

（二）经销商是"招"出来的吗

大部分企业都习惯说"招商"，每年各种各样的招商活动非常多，但一个悖论是，真正能够找到合适经销商的比例并不高。这是什么问题呢？问题就在"招"字上。所谓"招商"，顾名思义，把经销商找到，从中却看不到"合作"的内涵，表面上看是以企业为主导的，但真正落实到运营中却是经销商在主宰企业的命运。这显然是有问题的。

实际上，**经销商并非是"招"出来的，而是"选"出来的**。所谓选择大于努力，经销商选择错了，市场运作基本上就意味着失败了。对于这一点，很多企业并不明白，绞尽脑汁，制定出各种极其诱惑的招商政策，诸如进货送车、大力度折扣、抽大奖等形式，其目的只是将经销商的钱圈进来，至于接下来市场怎么做、怎么维护就全然不管了，对于这些企业而言，只是将货卖给经销商就行了！

另外，大多数企业都会将招商的目标下达给销售人员。一方面将招商的压力传递给他们；另一方面设计出高额的奖励来刺激他们，结果就是销售人员根本不管这个经销商是否符合企业的要求，只要能打款就将其招进来，然后这些经销商只进了一车货就没有后续了。这种情况在许多企业都存在，笔者多次对企业老总说："大家都知道经销商非常重要，但是为什么这么重要的事情，你们在选择上却这么随意呢？"

一些根本就没有渠道运营能力的经销商被招了进来，发现不行后又进行调换，最后搞得大家都不愉快，留下一堆烂摊子；一些不具备全渠道运营能力的经销商包揽了整个市场，发现不合适后又要将部分渠道切割出来另行招商，结果又是引出一堆冲突和不愉快；还有一些区域的市场容量有限，但是却设立了多个经销商，而每个经销商的销售额又有限，导致每个经销商都没有积极性，最后又进行淘汰和合并，出现很多矛盾。这些问题的出现，使得企业的市场运作始终处于不稳定状态，基础工作根本无法有效实施，企业的战略在市场上也根本无法得以体现。试问，这样的招商怎么能够将市场做好呢？

经销商的正确选择，直接关系一个区域市场的成功运作。现在很多企业选择客户之所以盲目，在于对区域市场的状况不了解，对渠道结构不了解，所以在经销商结构和数量上无法规划。一个常见的情况就是，企业总是先进行招商，然后再进行渠道拓展，结果这些经销商往往只能拓展一两类渠道，其他渠道只能放在那里。企业其实将逻辑搞反了，只有先把市场上的渠道规划出来，才能有效地选择经销商，哪些渠道可以由一家经销商经营，哪些渠道又需要由多个经销商经营，这些不同的渠道对于经销商有什么样的要求，这些只有在做好渠道规划的前提下才能作出正确的选择。

（三）经销商是"物流配送商"吗

现在很多企业对经销商的认识有了进步，他们认为经销商应该将产品有效地分销到渠道和终端，所以在招商的时候都比较重视选择具有物流配送能力的经销商。这相对原来采用批发模式的经销商来说自然是一个进步，物流配送商肯定比批发型经销商更能适应市场的发展。

但是，经销商仅仅是物流配送商就行了吗？

很多企业都没有认真考虑过这个问题，目前这种物流配送商还是有问题的。物流配送商的产生，源于2000年年初深度分销模式的兴起，一些大型企业为了提高对渠道的掌控力，刻意将经销商的职能限制在资金、仓储和物流上，于是产生了物流配送商，对于渠道的拓展和维护，则由企业自身承担。这套模式可行的背景在于当初我国正处于人口红利期，企业可以用较低的人工成本构建较大规模的销售队伍，通过减少渠道层级，将渠道利润拿出一部分来设立销售队伍。总体来说，这套模式要求企业投入大量的费用，同时增加了管理的难度和成本，能够采用这套模式的企业也并不多。随着我国人口红利的消失和社会保障体系的完善，现在企业还想通过组织大规模的人员来开展销售已经承受不起了，最佳方式还是要通过与经销商合作，专业人干专业事。

对于经销商而言，之前那些单纯的物流配送商实际上是弱化了渠道运营的能力，他们只需要将产品铺进渠道和终端就行了，至于怎么推广、怎么维护、怎么激励就不是他们的事了。这种模式虽然降低了经销商经营的风险，但也降低了经销商的生存能力，企业可以较容易找到另外具有物流配送能力的经销商。更重要的是，如果企业无法设立销售人员对市场进行拓展和维护，那么经销商根本就无法帮助企业实施有效的市场运作。所以，大部分选择了物流配送商的企业，往往很难将市场做好。

企业现在需要选择具有渠道运营能力的经销商，而不是单纯的物流配送商，这样才能通过合作，充分利用经销商的资金资源、人力资源及经营能力，实现对渠道的有效运营，而企业不需要增加过多的人力成本和管理成本。对于经销商而言，这也有助于提升自身的经营能力，实现公司化运营，成为能够有效掌控渠道的专业化商贸公司，于人于己都是极为有利的！

五、强强联合实现厂商深度合作

几乎每家企业都知道要和经销商合作，但却并不是每家企业都知道怎样与经销商合作。

在调味品行业中，通常存在以下几种厂商合作形式：

（一）交易型的合作形式

这是最传统的厂商合作形式，简单来说，就是商家给厂家打款，厂家给商家发货，至于产品在市场上应该怎样销售，厂家并没有过多的要求，基本上由商家说了算。

在调味品行业中还有许多厂商以这种形式合作，采用这种形式的厂家大多销售规模不大，业务人员也很少，有的厂家一个省只设立一名业务人员，还有的厂家甚至多个省只有一个人。这些业务人员的主要职能就是招商，以及和主要经销商维系必要的客情，至于区域市场的具体拓展，包括产品规划、渠道规划、渠道政策、终端管理、促销推广等，基本上无暇顾及！

而采用这种方式的商家有两种类型：一种是销售规模不大，业务人员很少，基本上靠着老板和老板娘两人亲力亲为，再带着一两个家里的亲戚，以批发市场为阵地开展业务，他们更多是依靠价格优势进行销售，对于渠道拓展和终端维护等缺乏足够的实力；另一种是具有一定销售规模的经销商，有自己的业务团队和渠道网络，经营理念也不错，之所以采用交易型的合作方式，有的是看好厂家的某款产品，有的是有自己的经营思路，不希望厂家过多干涉，还有的是不得已，由于厂家缺乏足够的实力来提供帮扶，但产品还能走得动，可以赚点小钱，合作也就变成交易型了。这种形式下厂商之间的合作谈不上什么深度，一手交钱一手交货而已。

（二）配送型的合作形式

这是除了上述类型之外较为广泛的合作形式，其诞生于20世纪末开始兴起的"深度分销",在调味品行业中很普遍,其核心思想就是渠道精耕,为此厂商之间重新界定了各自的职能。

厂家的主要职能是市场规划、渠道拓展、终端维护、促销推广等,而商家的主要职能是资金结算、仓储、配送。在这种合作形式下,厂家对合作的掌控权大幅提升,整个市场拓展基本上都直接由厂家推动,而商家的职能相比以前则被削弱了很多,基本丧失了对市场的主导权,当然也减少了经营过程中的风险。

在这种合作形式中,厂家要付出更多的销售费用,包括人员工资、差旅费、进场费、退换货、补损等,而且在和大型零售商直接合作时还要承担较长的账期,相比以前要承担更多的市场风险;商家虽然经营风险不大,但也失去了一部分利润空间,更为重要的是削弱了其运营市场的能力,除了将产品直接送到终端,对于应该如何有效地运作市场,商家逐渐失去了这种能力。

这种形式虽然强化了对渠道的精耕细作,但就厂商之间的合作而言,还是没有多大的深度,商家的职能受到了很大的制约。随着目前人口红利的失去,厂家也不可能投入太多的人力来运营市场,而此时商家的运营职能已经弱化,无法替代厂家来行使这部分职能,由此造成渠道无法实现充分地精耕。

(三)大包型的合作形式

这是带有调味品特色的一种厂商合作形式,看起来与快消品行业通行的渠道下沉、商家职能弱化相反,这种形式更强化了商家的运营职能。

要说明的是,在交易型合作形式中也存在大包,但"此大包"并非"彼大包"。此处的大包是指厂商之间专门确立的一种合作,并非只是简单的交易，厂商之间根据各自的战略需求和资源能力，先由商家根据市场状况提出相应的产品及价格需求，然后再由厂家根据商家需求提供相应的产品、销售政策和品牌宣传，并制定相应的销售目标，最后由商家全权对市场进行独立的运营。

在这种合作形式下，厂商之间都会经过充分沟通，虽然厂家不参与商家自身的经营，但也会提出相关的建议，而商家拥有更大的运作空间和利益保障，也愿意投入更多的资源和精力来运作产品。在调味品行业中，采用这种合作形式的大多是具有一定规模的厂家和具有很强渠道运营能力的商家，也产生了多个合作的典范。比如上海荣进实业与山东欣和及四川千禾、上海美宝和老干妈、东古和大连天信达及哈尔滨德盛干调等，这几个都是厂商之间采用大包进行合作的成功案例。

（四）管控型的合作形式

这是一种厂商之间职能分配较为均衡且优势互补的合作形式，是在交易型和配送型两种形式之间寻求的平衡，既不是合作后不理不问，也不是削弱商家的职能单靠自己。

管控型的合作形式还是将市场运营的主要职能交给商家来承担，但厂家对此并非不管，而是变化了方式，通过规划、指导、支持、激励、培训等手段推动商家按照厂家的要求来具体实施，而商家承担了完整的市场运营职能，包括渠道拓展、终端维护、促销推广、资金结算、仓储配送等，这就比单靠企业自己来运营市场具有更高的效率和持续性。

我们可以将此种合作形式称之为"联销型"，也就是厂商之间建立战略联盟，共同对区域市场进行有效的拓展运营。如此一来，厂家既充分调动了商家的积极性，利用其拥有的资源和能力，减少了资金投入的压力，同时保留了对市场的掌控权；而商家虽然承担了较多的职能，但也得到了厂家提供的更多支持，提升了自身公司化运营的能力，其结果还是双赢的。

（五）资本型的合作形式

这是厂商之间通过资本纽带来形成的合作方式，在调味品行业中基本上都是经销商反向入股厂家，比如郑州阳明商贸就联合其他经销商，共同投资入股山西东湖醋业和宁夏草原阿妈，然后借助这种关系与企业加深原有的经销合作，从而在市场上取得更好的成效。还有的厂家在上市时将经销商纳入为股东，既吸纳了一定的资金，也通过股东身份加深了与商家的合作。当然，资本型的厂商合作形式并不一定意味着在具体的运营中双方合作就很深入，也有可能出现很粗放的局面，因为厂商合作的深度更主要是从市场运营的层面体现的。

在上述五种厂商合作形式中，最具深度的还是管控型的合作形式，厂商之间的资源和能力都得到了充分发挥，双方的优势也得到了充分互补。关键是在整个渠道运营的价值链中，厂商双方都可以参与每一个环节，并根据各自的职能进行密切配合，这样产生的合力是最大的。如果还想取得最深入的合作，厂商还可以将"管控型"和"资本型"结合起来，这就从资本和运营两个层面将厂商更加紧密地融合一起，由此产生的成效将是突破性的。

实际上，**厂商之间的合作要真正实现双赢，最终还是要走到"强强合作"上**，任何形式的"强弱合作"都不可能产生最佳的效果。厂家强、商家弱，厂家的整体战略也很难得到有效落地；厂家弱、商家强，厂家则无法对商家提供充分的支持和帮扶。所以，只有"强强合作"才能获得持续发展，厂家不要怕商家强大，而是要提升自己的核心能力，给商家提供更加专业的服务，只要做到这一点，商家是绝对举双手欢迎的。

六、莫让渠道促销成为价格折让

通过销售政策调动渠道成员的积极性，促进销售的提升或者抵御竞争对手的冲击，是每个企业都会采用的方式。运用得好，自然可以将渠道商牢牢地抓在手里，但是运用得不好，则会给企业自己带来相当大的麻烦。

产品搭赠是企业常用的一种渠道促销方式，其目的是向渠道商提供额外的利益，向渠道商施加压力，将更多的产品铺到市场上。这种方式确实有用，大大小小的企业都在运用这种方式，而经销商也乐此不疲。产品搭赠有多种方式，常见的有达标搭赠，只要渠道商进货达到一定的数量，就可以得到厂家对本产品的赠送；还有就是畅销品搭赠新品，渠道商要想拿到畅销产品，就必须按照厂家要求同时销售一定比例的新产品。这些方式都能够较为有效地帮助企业达成销售目的。但是有一种搭赠方式存在极大的问题，那就是进货搭赠，这种方式就是渠道商只要进货而无论多少，都可以得到厂家赠送一定比例的本产品，如十搭一、八搭一等。问题在哪里呢？这种方式名其为渠道促销，实际上是价格折让，这对企业带来的危害要远远超过它的好处！

现实中采用进货搭赠的企业并不少，为什么它们习惯采用这种方式呢？原因就在于企业的综合竞争能力不强，在博弈中受制于渠道商。企业采用进货搭赠往往是被迫的，由于其产品的价格体系不合理，不能给渠道商带来满意的利润空间，因此需要通过进货搭赠的方式进行调剂，为渠道商补充不足的利润，这样渠道商才愿意继续销售企业的产品。这种方式实质上并不能产生良好的成效，企业所为只不过是饮鸩止渴！

进货搭赠存在的危害主要有两点：

其一，企业失去了运作市场的费用空间。在达标搭赠或畅销品搭新品的方式中，企业投入了额外的费用，但是也实现了自己的销售目的，如达到了销售目标或者完成了新品推广，但是进货搭赠对于渠道商并没有任何限制条件，渠道商只要一进货就会享有产品搭赠，这部分费用属于变动费用，销量越大费用也就越高，并不会随着销量增大而降低费用比例，这就使得企业损失了这部分费用的支配权。而渠道商通常是用来补充自己的利润，不会将这部分费用拿来运作市场，导致企业的资源不足，影响企业对市场的正常运作。

其二，企业对渠道商失去了管控力。达标搭赠和畅销品搭新品的方式对渠道商都是有条件的，这也是企业在运用这种方式来推动渠道商按照要求完成销售，但是进货搭赠方式下企业却失去了这种掌控力。他都已经得到奖励了，你还怎么管控他呢？所以，这种方式也容易导致窜货，源头其实就在企业自己！

采用进货搭赠的方式大多集中在整体实力较弱薄弱的二三线企业，明知道这种方式存在弊端但仍采用，一方面是部分企业实在是没有办法，如果渠道商不跟他合作也就完了，万般无奈下只好将利益补给渠道商，这样多多少少能产生一些销售；另一方面有的企业受到了区域销售人员的"绑架"，这里排除那些暗中相互勾搭败坏企业的做法，从正常的角度讲，如果渠道商缺乏足够的利润，销售人员是很难做工作的，每一个商家追逐的都是利润，这一点毋庸置疑，利润不够靠刷脸很难，商家再给面子也就一次两次，救急不救穷，长此以往绝不可能。于是，为了拿到薪资甚或奖金，销售人员不断向公司抱怨和申请资源，大多数企业很难扛得住这种进攻，谁也不敢拿销量开玩笑，最终只好屈就销售人员！有的企业出发点就不正，想的是先把渠道商的钱收回来再说，心思根本就不在对市场的系统运营上，而是一种贸易思维，这样的结局就只能是自食其果！

企业对渠道商进行激励是没有问题的，但是必须掌握主动权，不能影响对市场的良性运作。像进货搭赠这种方式，根源在于产品的价格体系设计出现重大问题，无法满足渠道商的必要利润，自然要求企业额外弥补。要从根上解决这个问题，涉及三个层面：

（1）渠道运营模式调整

采用进货搭赠方式的企业，其渠道运营模式大都较为粗放，企业的管理重心很高，销售人员的管控重点只能达到经销商层面，对于更下一层级的分销商和零售终端则无力维护，这种情况下只能将整个市场维护的职能都交给经销商。与之相匹配的，企业必须将更多的资源给经销商，等于企业基本放弃了对于市场的主导权。

要改变进货搭赠的方式，企业首先要调整粗放的渠道运营模式，将运营管理的重心下沉到分销商和核心终端两个层面，需要重新分配渠道的利润结构和资源体系，从经销商手里拿回部分资源，以企业自主规划的方式重新投到市场上。其次，将市场运作与渠道商的激励相结合，使每一笔费用投入都能强化品牌在市场上的影响力。如此，企业对于渠道的影响将从以往单纯依赖经销商转变为多种手段并用，更有利于推动市场建设的有序开展。

（2）产品价格体系设计

为了有效匹配渠道运营模式的调整，企业还需要从源头重新设计产品的价格体系。以往企业设计价格体系的逻辑，大都是从自身的成本和毛利率出发，然后在出厂价的基础上由经销商自行确定供货价，如果直接供货给零售终端，中间的利润空间还过得去，但要发展分销商立刻就会发现利润空间不够，自然得不到渠道商的支持。

因此，企业必须重新调整设计产品价格体系的逻辑，一定要遵循从市场逆向倒推的逻辑：零售终端价（分不同终端类型）—终端进货价—二批进货价—分销商进货价—经销商进货价（出厂价）—产品成本。在这个逻辑中，企业必须确保终端零售价有竞争力，各级渠道商的利润不低于行业平均水平（可以通过市场调研而得），然后再考虑自身的毛利，最后要求生产技术部门控制产品的生产成本。只有按照这个逻辑来构建价格体系，才能确保产品得到渠道商的充分支持，若能做到这些，也无须采用进货搭赠的方式来弥补渠道利润，一切都会在正常的框架下运行。

（3）正确运用渠道促销

在具体的战术实施层面，企业要对渠道促销激励形成正确的认识，绝不能饮鸩止渴。

首先，企业必须搞清楚在每个市场阶段需要实施渠道促销的目的是什么，这是个方向性的问题，一错皆错。通常来说，需要通过促销来激励渠道商的状况有几种：新产品上市、旺季前渠道压货、消化库存、狙击竞争对手、强化渠道分销等。每一种目的都有各自相适应的促销方式，比如新品上市就适合采用搭赠礼品、新产品搭赠畅销品、铺货达标奖励的方式来激励渠道商，而消化库存适合采用补差价、搭赠促销品的方式，狙击竞争对手则适合采用达标搭赠本品的方式，所以只有目的明确，才能确保渠道促销运用的正确性。

其次，企业必须要了解每一种促销方式的优缺点，比如现金返利、搭赠本品、搭赠礼品、捆绑促销、积分奖励、抽奖奖励、实物奖励等。这些促销方式各有利弊，有的方式简单但容易破坏价格体系，有的方式有效但操作较为复杂，企业对此必须非常清楚，然后再结合渠道促销的目的进行相应的匹配，这样才能充分激励渠道商，同时达成企业的阶段性目的。

渠道促销是战术，也是一项系统工程，要运用得有成效就必须进行综合考虑，否则就会陷入将渠道促销做成价格折让的不利局面，使企业失去对市场的掌控力。

七、聚焦掌控有效终端

（一）重新定义终端

"终端"就是最终消费者购买到产品的场所，从常规意义上看，终端大都是物理形态的有形购物场所，比如常见的大卖场、连锁超市、便利店、杂货店等。

在15世纪及20世纪中叶，随着邮购和电视直销业务的兴起，直邮企业或媒体和电视频道也成了一种类型的"终端"，因为消费者是通过这两种路径来购买产品的。

现在，电商已经成了主流渠道，众多旗舰店、专卖店或者专营店也都成了电商平台上的"终端"。同时，天猫、京东、苏宁易购、拼多多等零售平台也直接成了一种新型"终端"。

无论是线下实体还是线上虚拟的终端，都是以一种物体的形式呈现出来，而另一种"非物质"的终端就是"人"了！实际上，当人员直接推销产生以来，"人"就已经成为一种"终端"了，比如雅芳、安利等直销企业就是如此，通过推销人员一对一的沟通来销售产品，而消费者也直接从推销人员的手中购买产品。

借助互联网，微商和新形态的社交电商迅速崛起，同样是以"人"作为终端，其本质就是人脉关系，现在流行的"社群团购"，就是通过社群领袖等作为路径向有密切人脉联系的消费者直接销售产品。

所以，现在"终端"的类型非常广泛，但其本质并没有发生变化，还是消费者购买产品的场所，只不过这个场所除了物理形态的终端，还有"非物质"的终端——人。这种理解可以让我们打开思路，找到更多的终端创新路径和商业模式。

（二）不存在百分之百的覆盖终端

在可口可乐著名的3A法则中（买得到、买得起、乐得买），买得到是最基础的一个重要指标，其考量的是产品在终端的覆盖率。后来，可口可乐又将"买得到"法则升级为"无处不在"，就是说可口可乐要在百分之百的终端都有售，以便让消费者方便地购买到。或许对于可口可乐这样的百年品牌是可能做到的，但是从正常的企业经营来看，要想做到百分之百的终端覆盖是不现实的，也是不应该的，更遑论终端掌控，其中的原因还是关乎效率。

AC尼尔森对于铺货率有两个定义：一个是数值铺货率；另一个是加权铺货率。假设在某一区域有10家终端，A酱油在其中的8家终端有售，那么数值铺货率就是80%；再假设这8家终端销售的酱油在所有10家终端销售酱油总销售额中所占的比重为20%，就意味着A酱油的加权铺货率是20%。实际上，加权铺货率就是市场份额，A酱油虽然数值铺货率高达80%，但是其所占的市场份额只有20%，表明其终端运营的成效是偏低的。

就上述假设案例而言，真正有效的终端覆盖就是进入市场份额最高的那两家终端，而不是耗费了大量精力与资源去覆盖的8家终端，这就与精准选择终端有关了。

在过去的十几年，国内企业普遍追求的也都是百分之百的终端覆盖，但是近几年，选择有效终端进行覆盖已经成为企业的新原则。所谓有效终端，就是与品牌定位相匹配并且能产生一定销售额的终端，这是企业应该有目的地投入资源运营的。现在企业在一个区域市场拓展渠道时，首先就要将符合企业的有效终端找出来，然后再针对性地加以覆盖。要知道，覆盖终端的关键就是从一开始就做对，也就是选择有效终端，这样才能保障产品不但能够进入终端，而且能够保得住。如果不是有效终端，即便产品覆盖进去了，也很难销售好，还要耗费企业的精力和资源来维护，这样做是完全没有意义的。

（三）掌控终端的关键在于聚焦资源和管理

所谓掌控终端，其实就是指企业要获得针对终端的话语权，能够让品牌按照企业的规划在终端实现充分地表现。在这里，笔者主要针对商超渠道的终端来说明这个问题。要做到对终端的有效掌控，企业只能而且必须做到这两点：投入必要资源并对终端进行管理。

针对投入资源，重点是在终端利益方面加以保障，除了产品的差价，也就是终端在贸易合作条款中要求的各项费用了，包括进场费、条码费、陈列费、促消费、导购员工资、店庆费、返利等。这些费用，在当前国内零售商普遍以后台毛利为盈利模式的背景下，是企业运作商超渠道无法回避的。在商业合作中，这就是交换，企业用资源来交换终端的空间位置，这是一个不可或缺的必然条件，如果离开了这一点，企业的产品再好也不可能让消费者接触到。

但一个现实的问题是，面对如此多的终端，企业如何能够投入足够的费用呢？现实是，每家企业都是在有限的资源条件下戴着镣铐跳舞，在这种前提下，企业对终端的掌控根本不可能是大范围的事，只能是聚焦在部分重点终端。从更大的层面看，这种费用投入已经不是战术层面的事了，必须上升到战略层面，其核心逻辑在于根据企业总体战略，将费用在正确的时间、正确的地点持续投到正确的方向上。此时，在不同企业之间产生竞争差异的已经不是费用本身了，而是战略，每个企业都要付出那些费用，如果战略存在问题，投再多的费用也无法掌控终端。

针对终端管理，重点是要在企业聚焦的终端实施系统化的管理，提高费用投入的成效，产出更多的销量，才有助于企业对终端实现掌控。

就终端本身而言，系统的管理主要包含七个方面：产品组合、货架位置、产品陈列、产品价格、进销存、助销和促销。用一句话来说，企业掌控终端就是要做到：以正确的产品组合在终端占据最有利的货架位置，并且以正确的价格和标准化、多样化的陈列来实现最佳的品牌露出，同时掌控进销存数据，根据销售节奏来实施系统的助销和促销，吸引更多的消费者并提升其购买频率和购买量，最终在终端获取最大化的市场份额。虽然这句话说起来简单，真正做到位却不容易，背后需要一套规范化的管理体系和考核机制才能支撑。

首先，企业需要将这七个环节转化为销售人员和经销商的市场动作，使其成为销售人员的工作规范，涉及大量的标准和要求，比如产品组合的标准、产品陈列的标准、价格标准、进销存管理要求、助销要求、促销要求、终端巡访要求等，这样才能改变销售人员原来粗放化的工作模式，将重点下沉到终端，将基础工作做精做细。

其次，企业必须调整绩效考核的方式，不能单纯实施结果考核，还必须针对终端掌控的关键环节进行过程考核，比如产品组合、产品陈列、价格管理、助销等，这样才能引导销售人员的行为，将终端管理工作做到位。

从上述终端规范化管理的内容可以看出，需要企业耗费很多的精力，在提升终端掌控力的同时极大地增加了企业的管理成本，比如时间和组织。所以，企业只能聚焦在少数重点终端才可以做到系统的管理，这种掌控只能是基于核心终端带动广泛的终端。严格来说，掌控终端是存在边界的，这是一项系统工程，涵盖了对企业在资源和管理上的综合考验。为了保持成本与效率的平衡，企业应该从战略的层面考虑掌控终端，一切都要指向战略规划的方向，才能通过对核心终端的掌控来产生广泛的市场影响。

八、渠道碎片化时代的变与不变

渠道碎片化，已经成为当前商业生态的一个典型状态。

从中国市场经济发展四十年，商业生态经历了三段主要的历程：1.0流通驱动时代、2.0商超驱动时代、3.0电商驱动时代，现在已经进入4.0渠道多样化驱动的时代。

在过去的三段历程中，每一段历程中间都有一种占据主导作用的渠道业态。

流通驱动时代的代表就是批发市场，那是一个物流不发达、信息不畅通时代造成的产物。通过批发市场，可以通过透明的价格和跨区域流通，将产品快速分销到全国市场，从而帮助品牌实现广泛覆盖。

商超驱动时代的代表就是大卖场，通过大面积、多品项、多价格、多促销、好环境的全新业态，为消费者带来家庭日用一站式购物的最佳场所，从而掀开了"终端为王"时代的大幕。以家乐福、沃尔玛、大润发为代表的国际大卖场在中国市场开疆拓土，对传统批发市场产生了极大的冲击，在十几年的过程中，直接导致批发市场的持续萎缩。

电商驱动时代的代表就是B2C电商平台和生活服务平台，在互联网经济的快速推动下，成就了天猫、京东、拼多多、抖音、快手几大电商平台和携程、美团两大生活服务类平台，由此带动了电商市场的爆发性增长，无论是实体商品还是服务，都有相当一部分比重转移到了线上。

而在4.0渠道多样化驱动时代，代表性的渠道业态开始变得模糊，不再像以往那样占据绝对主导地位，进入百花齐放的"春秋时代"。

从线下渠道业态来看，传统的流通渠道仍然具有重要的地位，而商超渠道虽然受到新兴渠道的冲击，不少知名零售商都面临关店、业绩下滑的严峻局面，但也不断涌现出新型的业态，如社区超市、生鲜超市、精品超市、便利店、新零售超市等。同时，品牌专卖店和品类专卖店仍然在持续发展，涌现出喜茶、瑞幸咖啡、名创优品等垂直品类的新品牌。购物中心也没有停下发展的脚步，以凯德、万象城、绿地、天街为代表的品牌不断在各级市场布局，城市中的购物中心密度不断增加，重心不断下沉。另外，百货商场精品化、特殊渠道细分化也在同步跟进，线下的实体商业异彩纷呈。

而线上业态呈现出迅猛创新裂变的态势，除了传统的电商平台，直播电商异军突起，涌现出淘宝、抖音、快手等有强大影响力的直播平台；以兴盛优选为代表的社区团购在疫情下绝处逢生，并且在互联网巨头的推动下野蛮式生长，美团优选、多多优选等平台在全国市场攻城略地。另外，以美团为代表的生活服务平台推动外卖和社区零售实现快速发展，在异常激烈的竞争环境中又增添了一股强大的力量。

由此，通过流通、商超和电商的相互博弈，终于在今天汇聚成一个相互交织的渠道新生态，过去的"中心化"已不再存在，取而代之的是"碎片化"，没有哪一个渠道能够绝对地主导整个商业生态的发展。即便是势头强劲的电商平台，也不再像前几年那样拥有绝对影响力，传统电商的红利已经过去，获客成本高企，所以电商巨头们才提出新零售的概念，通过打通线上线下来获得更多的增长点；而新兴的直播电商和社区团购更加助长了渠道碎片化，是从原有渠道生态中裂变出来的新业态，无法单独成为主导性的驱动力量。

从本质上看，**渠道碎片化是源于购物多样化**。今天的商业生态，已经让我们眼花缭乱，无论在线上还是线下，消费者随时随地都能触达各种各样的渠道，包括"人"。渠道生态从1.0到3.0的过程，就是消费者购物从单一化到多样化的过程，购物场所越单一，渠道生态也越单一，就会形成某一渠道成为推动整个商业生态发展的主导驱动力。随着购物场所日益丰富，也会推动渠道生态的多样化，渠道碎片化成为必然。

渠道碎片化的本质是购物多样化，恰好印证了渠道的本质是需求，每一类渠道都是某类消费需求的集中体现。再往深里说，购物多样化的本质是消费细分化。一方面是消费群体的细分化；另一方面是消费需求的细分化。

这两个因素都会造成消费者购物的多样化，比如不同的消费群体，年轻人喜欢外出到各种场合，休闲、运动、娱乐、商务、出行等，而中老年人则倾向家庭和社区，注重健康、家庭，由此引发多样化购物的需求。

从某种意义上讲，国内商业生态的发展历程，正是中国经济快速变化的缩影，也是中国融入全球经济生态圈的缩影。这一场渠道商业生态的变化历程，也就是国际商业巨头进入中国市场的历程，从零售业的开放到批发业的开放，从对美国互联网的模仿到本土互联网的进化，共同催生了如今国内商业生态的精彩。

2020年爆发的新冠疫情，助推了购物多样化成为大众的新习惯，越来越多的消费者在手机上下单，购买各种各样的生活物品，加速了渠道"去中心化"的进程。

2021—2022年，国内十几家上市的商超零售企业，销售业绩大多出现同比下滑。除了疫情管控良好及消费心态保守的原因，购物多样化导致的渠道碎片化也是一个重要因素。其中，直播电商和社区团购尤为突出，在"宅"经济和"懒"经济盛行的大背景下，自然会从传统渠道业态手中抢夺不少市场份额。

这是一场新旧渠道业态相互博弈的过程，新兴渠道层出不穷，疯狂地蚕食着传统渠道的市场，而传统渠道也不甘束手待毙，也不断推动业态进化，同时利用互联网实施数字化改造。现在是国内厂商普遍焦虑的时代，在这场突如其来且眼花缭乱的渠道变革，让很多厂商措手不及，来不及从原有的思维中转变过来，不知所措者有之，盲目而动者亦有之。

在这个渠道碎片化的时代，"变"已经成为所有厂商无法回避的现实，不变者必然面临被时代抛弃的局面。所以，这已经不是"变不变"的问题，而是"怎样变"的问题。

第一，变思维观念：重新定义渠道。厂商对渠道传统的认知就是"通路"，大家思维和行为惯性之中的还是层层分销，然而这一切都被渠道碎片化无情地打碎。长期以来，厂商眼中只见"通路"而不见"渠道业态"，只注重渠道政策而忽视渠道运营。当渠道碎片化迅猛来临之时，原来"通路"分销所能覆盖的渠道，如今已被其他新兴渠道所蚕食。因此，厂商必须改变对渠道的认知，渠道不只是通路，其本质是需求，要应对渠道碎片化，就必须将重心转向消费需求，需求在哪里，渠道就在哪里，有什么样的需求，就应该有针对性的渠道运营。

第二，变单一渠道：渠道多元化运营。在单一渠道起主导驱动作用的时代，厂商可以专注运作这个渠道，而在渠道碎片化的时代，也必须实施多元化渠道运营。除了可以带来更多的增长机会，多渠道运营还能够避免突发事件造成的巨大风险。多渠道运营要求厂商一方面要坚守自己的核心渠道；另一方面要强化对其他新兴渠道的了解，掌握其运作规律，从而逐步实现专业化的运营。

第三，变浮于表面：基于每类渠道深入研究消费者。渠道碎片化要求厂商从洞察消费需求做起，这就需要研究不同消费群体的消费特点，要将每类渠道所针对的消费群体及其需求摸透，厂商首先要先搞懂消费者，然后才能成为渠道运营专家。过去那种浮于表面、单纯依靠渠道利益刺激的"政策驱动"已完全不适应这个时代，唯有改变才有出路。

第四，变粗放式运营：建立专业化的渠道运营组织。传统渠道生态下的厂商大多远离市场，渠道中间环节较多，离消费者很远，不了解消费需求的变化。要适应渠道碎片化的环境，厂商就必须将粗放式的渠道运作转变为专业化的渠道运营，关键在于构建专业化的渠道运营组织，针对不同渠道组建相应的部门，按照这类渠道的规律开展运营，洞察需求、组合产品、制定价格、开展运营，尤其对经销商实施公司化运营提出了迫切要求，不这样做就面临被淘汰的命运。

在渠道碎片化的时代，所谓"变"更多体现出的只是一种外在形式，更关键的是要理解这种"变"之中存在的"不变"，理解驱动渠道生态变化的根源，才能做到心中有数，顺势而变。

第一，深刻洞察消费需求。无论外部市场环境和商业生态如何变化，其内在本质都是消费需求在驱动，把握消费需求的变化规律和趋势，就能从根本上预判商业生态的发展方向。现在我们面对的平台也好，直播也好，社区团购也好，其产生的内在本质都是为了解决消费者购物效率问题。所以，只要时刻关注有哪些方式有助于提升购物效率，它就是未来潜在的渠道新生态。

第二，创造核心价值。在传统的"通路"认知中，渠道并没有创造太多的价值，更多是在渠道环节中重新分配价值。然而，万变不离其宗，任何一种商业生态都必须回归到为消费者创造价值上，渠道不应该只是分配价值，否则必然不会存在生命力。如何创造核心价值？必须从每一类渠道针对的消费群体和需求入手，基于这种需求推出适应的产品，而不仅仅是分销产品。

第三，占据顾客心智。无论渠道生态如何变化，不变的永远是占据顾客心智，在消费心智中并不存在要购买哪一类渠道中的"品牌"，真正的品牌存在于所有渠道之中，只要占据了顾客心智，就能够以不变应万变，哪一种渠道新生态出来了，及时利用这种新兴渠道就可以了。

第四，产业链布局。无论如今渠道如何碎片化，对于每类渠道而言，最终决定厂商核心竞争力的，还是要回到对整个产业链的掌控上。直播电商也好，社区团购也好，真正的竞争壁垒就是产业链，一旦具备产业链整合的优势，就能在总成本或者差异化上构建领先的竞争优势，从而立于不败之地。

后　记

　　这本书和笔者写的其他书并不一样，它没有严谨的结构，是由若干篇独立的文章组成。尽管如此，本书具有的价值并不逊于笔者写过的其他任何一本书！

　　相信每个人都有这样的体验，我们自己认为非常重要的话或者思想，往往就是从随意的聊天或者简单的谈话中透露出来的。本书也是如此，虽然没有系统地阐述某一个深入的观点，但就理解调味品而言，本书中反而蕴含着大量深刻的观点。这些观点，在笔者的其他书中通常很难体现出来，反而在这种看起来较为独立的表达中，由于没有受到某种体系的限制，才能得以充分阐述。同时，正是因为表达比较独立，这些汇集起来的观点更能动态地体现笔者的思想变化。

　　书中的这些观点，并非是笔者一时的思想反映，而是笔者多年来实践和思考的阶段性结论。无论这些观点的角度有多大的不同，但是这些观点汇集起来的背后，都共同指向一个重要领域——调味品行业发展的规律或者底层逻辑，同时反映了笔者对调味品企业战略规划的重要思考！

　　作为深耕战略咨询的本土咨询公司，我们这十几年的经营重心转向了调味品行业，并不是随意地碰撞机会，而是历经多年战略实践思考后的有意而为之。在笔者看来，如果不能立足于某个行业来为企业提供战略咨询服务，势必会落入单纯依赖经验或者理论模型的陷阱！

隔行如隔山一点也不假，尽管咨询本身具有普遍性，但对于某个行业而言，如果不能透彻理解这个行业的发展规律，那么咨询就难以发挥出应有的价值！

因此，在笔者常年为调味品企业提供战略咨询服务的过程中，将自己对于战略和调味品行业的理解，通过一篇篇独立的短文从各个角度表述出来，最终形成了这本《调味品战略的底层逻辑》。可以说，这本书里表达出来的观点，是笔者已出版多本书籍的认知基础（详见《调味品企业八大必胜法则》《调味品经销商公司化运营》《重塑竞争的市场边界战略》）。通过多年来与企业的沟通，笔者深深地感受到彼此之间具有相同的认知是多么重要。为此，笔者非常迫切也乐于将自己对战略和调味品行业的理解分享出来，并希望与更多的业内业外人士达成共识，推动更多的企业获得成功，最终提升战略咨询本身的价值！

张戟

2023年11月于上海